Indivíduo e Sociedade na Teoria de Auguste Comte

Supervisão Editorial:	J. Guinsburg
Preparação de Texto:	Lilian Myoko Kumai
Revisão de Provas:	Sérgio Sálvia Coelho e Iracema A. de Oliveira
Projeto Gráfico:	Adriana Garcia
Capa:	Sergio Kon
Produção:	Ricardo W. Neves e Raquel F. Abranches

RUY COELHO

INDIVÍDUO E SOCIEDADE NA TEORIA DE AUGUSTE COMTE

Dados Internacionais de Catalogação na Publicação (CIP)
(Câmara Brasileira do Livro, SP, Brasil)

Coelho, Ruy
  Indivíduo e sociedade na teoria de Auguste Comte / Ruy Coelho. — São Paulo : Perspectiva : CESA - Sociedade Científica de Estudos da Arte, 2005.

  Bibliografia.
  ISBN 85-273-0734-0

  1. Comte, Auguste, 1798-1857 2. Comte, Auguste, 1798-1857 - Crítica e interpretação 3. Individuação 4. Sociedade 5. Sociologia - Filosofia I. Título.

05-7015   CDD-301

  Índices para catálogo sistemático:
    1. Comte, Auguste : Sociologia 301
    2. Sociologia comteana 301

Direitos reservados à
EDITORA PERSPECTIVA LTDA.
Av. Brigadeiro Luís Antônio, 3025
01401-000 – São Paulo – SP – Brasil
Tel.: (0--11) 3885-8388
Telefax: (0--11) 3885-6878
www.editoraperspectiva.com.br
2005

Sumário

Para uma Arqueologia da Sociologia – *Bento Prado Júnior* 7

Introdução 9

Capítulo I
Caracterização do Social. Sociologia, Moral, Ciência
e Religião no Sistema de Comte 11

Capítulo II
A Série Hierárquica das Ciências e a Posição da Sociologia.
A "Educação Preliminar" do Sociólogo. Contribuições das demais
Ciências para a Constituição da Sociologia 17

Capítulo III
O Estudo do Homem em Si Mesmo Considerado.
A "Fisiologia Frenológica", Substituto da Psicologia.
Sugestões para Pesquisas nesse Terreno 31

Capítulo IV
O Estudo do Homem Social. Tentativas até então Feitas neste
Domínio. Circunstâncias que Permitiram a Eclosão da Sociologia.
Dinâmica e Estática Social em seus Princípios Básicos *a priori* 39

Capítulo V
Os Métodos em Sociologia. Observação, Experimentação
(Indireta) e Modalidades da Comparação 51

Capítulo VI
A Estática Social. O Princípio da Ordem. Leis Relativas
ao Indivíduo, à Família e à Sociedade 57

Capítulo VII
A Dinâmica Social. O Princípio do Progresso. A Dificuldade em
Apreender as Causas Universais. As "Condições Gerais Necessárias".
O Primado da Evolução Intelectual. A Lei dos Três Estados 65

5

Capítulo VIII
Críticas à Lei dos Três Estados e à Filosofia das Ciências de Comte 75

Capítulo IX
Críticas à "Fisiologia Frenológica" e às Noções Comtianas que
Concernem o Indivíduo, o *Eu* e a Patologia Mental 81

Capítulo X
Críticas ao Método de Comte, à Estática e à Dinâmica Social 87

Capítulo XI
O Pensamento de Comte e os Desenvolvimentos Posteriores
das Ciências Humanas. Algumas Contribuições do Positivismo 99

Capítulo XII
A Vida de Comte Relacionada com sua Obra. Os Dados
Biográficos e a Situação Histórica 105

Bibliografia 111

PARA UMA ARQUEOLOGIA DA SOCIOLOGIA

Muito feliz foi a idéia da reedição deste livro de Ruy Coelho, que veio a lume originalmente há quase meio século. Essa distância nos permite hoje avaliar a importância da obra no momento de sua publicação e como ela permanece, íntegra, para o leitor de nossos dias. Trata-se de uma feliz combinação de filosofia, epistemologia e, mesmo, de *arqueologia* (para usar a linguagem de Foucault que não estava ainda em voga na virada dos anos 50 aos 60) da sociologia. Em lugar de uma ingênua fundamentação da sociologia segundo o espírito do empirismo lógico (que já conhecia, no início do pósguerra, o seu ocaso), uma leitura complexa da obra de Auguste Comte, que combina astuciosamente a análise imanente de sua estrutura, a determinação de seu lugar histórico entre os séculos XVIII e XX (ou, digamos, entre Montesquieu e seu discípulo Durkheim) e de sua situação dentro de sua contemporaneidade (positivismo/romantismo; positivismo /dialética; positivismo/ecletismo espiritualista, etc...). *Grosso modo*, repitamos, uma *arqueologia* da sociologia ou o exame da distância que separa (mas também a continuidade subterrânea que une): projeto comtiano da "física social" e ciências sociais ao longo da primeira metade do século XX.

Sem diminuir a importância da obra de Comte, Ruy Coelho se demora mais na distância do que na continuidade, nos momentos em que suas antecipações ou projetos são desmentidos pela realidade das ciências sociais do presente. Mas há um ponto, ao menos, em que a avaliação do projeto comtiano é mais positiva e que é importante sublinhar, já que Ruy Coelho parece quase prever o desenvolvimento das chamadas *cognitive sciences* que chegariam a seu auge na virada do século XX ao XXI. Com efeito, nosso Autor encerra seu capítulo III, consagrado à "fisiologia frenológica", sublinhando o fato de que Comte deplorava que os estudos anatômicos e fisiológicos tivessem, em sua época, separado o cérebro do conjunto do sistema nervoso. Neste ponto, Auguste Comte teria antecipado o destino da ciência do século XX.

Imagino que tal juízo de Ruy Coelho estava amparado em suas leituras da psicologia e da neurologia de inspiração gestáltica (particularmente, suponho eu, na obra de Kurt Goldstein, *A Estrutura do Organismo*, que consta da bibliografia do livro). Mas pesquisas contemporâneas retomam de forma nova a tese do caráter "integrativo" da fisiologia frenológica levando mais água para o moinho de nosso Autor. Curiosamente, antes de ler o belo livro de Ruy Coelho, pude assistir em junho deste ano, no Collège de France, em Paris, um seminário que reuniu inúmeros especialistas da nova fronteira de pesquisa que são as chamadas *cognitive sciences*, debatendo essencialmente as idéias de *empatia* e de *intersubjetividade* à luz da idéia de sistemas neurais "ressonantes". Uma das correntes dessa pesquisa articula os sistemas de registros celulares e das imagens cerebrais, de um lado, à fisiologia das áreas motoras e da psicologia da ação e, de outro, à sociologia da ação. Não vemos bem aí algo de muito próximo à passagem não reducionista da fisiologia frenológica à sociologia, operada por Auguste Comte através do privilégio que dá à *afetividade* na instituição do social? Como me dizia o filósofo que organizou os seminários do Collège de France, sugerindo que idéias como as de *mirror systems* ou de *resonant systems* poderiam remeter-nos ao fundador do positivismo: "Bem que Auguste Comte tinha percebido a exigência de fundamentar o ser coletivo sobre alguma espécie de sentimento social espontâneo e de não se contentar com convenções e regras dos sistemas jurídicos positivos!". Seria novamente atual, em pleno albor do século XXI, a versão não reducionista do naturalismo do século XIX?

Bento Prado Júnior
Universidade Federal de São Carlos

INTRODUÇÃO*

Este trabalho não visa aprofundar a análise dos conceitos de sociedade e indivíduo, em Auguste Comte, tomados isoladamente. A sociologia comtiana já passou pelo crivo de um século de debates, em que os seus diferentes aspectos foram examinados dos ângulos mais diversos. Como acontece com toda grande teoria, não se esgotou, com isso, o seu conteúdo. Mas uma apreciação de conjunto, que almejasse esclarecer melhor o significado geral da obra de Comte, necessitaria um exame de amplitude maior daquele que estava em nosso propósito.

Tampouco, a noção comtiana de indivíduo se acha perfeitamente elucidada. Grande número de críticos do positivismo, sobretudo os do século passado, limitam-se a consignar a tomada de posição antipsicológica do fundador da sociologia. Só mais recentemente se tem ressaltado as sugestões de interesse para a psicologia. Comte, na realidade, bateu-se contra certas orientações no estudo dos fatos mentais vigentes na sua época, prenunciando, com freqüência, exigências de método formuladas por correntes psicológicas contemporâneas. Procuramos assinalar, embora de passagem, essa feição do seu pensamento, que não constituiu nosso objetivo principal.

O escopo que tínhamos em mente era relacionar as noções de indivíduo e sociedade em suas implicações mútuas, no momento em que, com o *Cours de Philosophie Positive*, a sociologia de Auguste Comte assume configuração definitiva. A isso fomos levados, depois de realizar pesquisas no campo da personalidade e cultura, pela necessidade de buscar bases teóricas que as fundamente. Remontamos, assim, dos estruturalistas a Durkheim, e deste ao

---

*. Republicamos o texto com que Ruy Coelho inicia o seu estudo, não só por fidelidade ao original, mas pelo interesse que continua despertando no leitor de hoje. (N. da E.)

seu mestre. Tornou-se patente, logo às primeiras leituras, que estávamos diante de um pensamento cujo vigor a pálida imagem, que os manuais sociológicos reproduzem, não fazia suspeitar. Alguns dos problemas que até hoje preocupam as ciências dos homens já tinham sido por eles colocados, e necessitavam ser examinados com detença.

Mas a complexidade do sistema comtiano e a interligação de suas unidades componentes tornam difícil segregar uma parte do todo. As conceituações básicas só aparecem à luz plena no contexto em que se entrelaçam. Fez-se mister resenhar, ainda que de modo sucinto, os temas da sociologia e da psicologia de Comte, a metodologia elaborada para essas ciências, a epistemologia que a esteia, e a filosofia da história que coroa o edifício. Assim, o que era de início capítulo introdutório converteu-se num opúsculo autônomo, a que caberia como subtítulo "Ensaio Propedêutico sobre o Pensamento Social de Comte". Sob essa forma foi apresentado como tese de concurso para livre-docência, na cadeira de sociologia II, da Faculdade de Filosofia, Ciências e Letras da Universidade de São Paulo.

Ao cabo do empreendimento, cumpre destacar que a sociologia, em seus primórdios, mesmo combatendo a psicologia, constituiu-se em grande parte segundo diretrizes dadas por esta. O diálogo entre as duas ciências, conturbado freqüentemente por incompreensões mútuas, prossegue até nossos dias. As questões de limites ainda não foram dirimidas, mas tendem a perder a virulência, sobretudo depois do aparecimento desse estado-tampão que é a psicologia social. O interesse dos psicólogos pelas relações inter-humanas faz reviver uma posição comtiana. A antropologia cultural, servindo-se de técnicas sociológicas e psicológicas, procura compreender o comportamento humano de um ponto de vista global. Comte vislumbrou essa sétima disciplina, que em certo momento fez coincidir com a moral, cujo *status* era incerto. Mas tratava-se de um mero esboço. Na sociologia fundavam-se suas esperanças de compreender o comportamento humano.

A autonomia e a posição central da sociologia, no conjunto das ciências que tratam do homem, não são mais seriamente disputadas na atualidade. O papel que cabe a cada uma delas na exploração da realidade humana necessita ser esclarecido. Auguste Comte foi o primeiro a propor a questão; a reflexão sobre sua obra é o primeiro passo de uma tentativa nesse sentido.

CAPÍTULO I

CARACTERIZAÇÃO DO SOCIAL. SOCIOLOGIA, MORAL, CIÊNCIA E RELIGIÃO NO SISTEMA DE COMTE

No pensamento de Auguste Comte, o social é o que há de mais humano no homem. A idéia de indivíduo singular, elaborada no "século das luzes", parece-lhe uma pura abstração. O desenvolvimento do homem é concebido como a subordinação dos impulsos de cada qual às diretrizes da sociedade, a disciplina imposta aos sentimentos, para que se afinem pelo diapasão do grupo, e o entrosamento das atividades intelectuais no patrimônio cultural que vem dos antepassados. Ao elemento pessoal, cabe a responsabilidade pelos distúrbios no bom andamento deste processo. Cumpre apagar-se o indivíduo em sua unicidade, para plena realização da Humanidade, em que a solidariedade social se estendera a todos os tempos e a todos os pontos da terra[1].

A admissão de que nem tudo que é humano é social, no entanto, vai de par com a rejeição da recíproca; só se pode chamar de sociedade o agrupamento humano, baseado na transmissão de conhecimentos de uma geração para outra. As associações dos animais não merecem tal nome. Além de serem peculiares à espécie *Homo sapiens*, os fatos sociais se caracterizam por sua maior complexidade e menor generalidade do que quaisquer outros, o que os faz concretos por excelência. Na seriação hierárquica das ciências, a sociologia vem em último lugar, depois da matemática, astronomia, física, química, e biologia, exatamente por causa dessas características. Seu aparecimento só se tornou possível após o florescimento de outras disciplinas.

As razões lógicas que justificam a posição da sociologia no quadro geral das ciências são de dupla natureza. Em primeiro lugar, os fatos sociais são afetados, se bem que, desigualmente, por todos os outros, de modo que para

---

1. A. Comte, *Discours parr l'esprit positif*, pp. 118-119.

compreendê-los faz-se necessário considerar uma superposição de influências casuais. Por outro lado, ressalta dessa consideração uma convergência das doutrinas no que toca às técnicas de investigação, as quais, despidas de sua peculiaridade específica, revelam a unidade do método científico positivo que lhes é subjacente. A nova ciência em seus primeiros passos deverá, pois, valer-se dos instrumentos criados em outros campos do saber, adaptando-os às necessidades próprias.

Em segundo lugar, uma vez constituída, a sociologia dará a conhecer "as origens interiores das teorias humanas, encaradas como resultados naturais de nossa evolução mental, tanto individual quanto coletiva". Esclarecido o processo de produção de idéias, será possível tentar uma inteira sistematização de nossos conhecimentos reais. "No fundo, não se deve conceber senão uma única ciência, a ciência humana, ou melhor dito, social, da qual a nossa existência constitui ao mesmo tempo o princípio e o fim, e na qual vem naturalmente fundir-se o estudo racional do mundo exterior"[2].

A função de *mathesis universalis*, concebida por Descartes como privativa da matemática, é atribuída por Comte à sociologia. Mas isso não significa que os diferentes ramos do saber estejam destinados a se confundir. Ao contrário, como se verá adiante com maior clareza, supõe-se existir uma diversidade fundamental entre os diferentes fenômenos, e as seis ciências principais permanecerão sempre distintas, enquanto referidas a um ponto de vista objetivo. Não afirma, porém, o nosso autor, a existência de uma verdadeira descontinuidade no universo; a impressão do descontínuo resulta da incapacidade da nossa inteligência de aprender a complexidade cósmica. A admissão dessa incapacidade é um passo básico na constituição do espírito positivo.

Não podendo a mente humana penetrar na intimidade do cosmos, resta-lhe explorar as esferas delimitadas do real, que são seu domínio legítimo. As teorias relativas ao homem e à sociedade, assim como aquelas concernentes à natureza, são concebidas como "produtos da nossa inteligência, destinados

---

2. Idem, ibidem, pp. 37-38. Não parece que tiveram conhecimento desse texto Marx e Engels, quando escreviam *A Ideologia Alemã*, em 1845. No entanto, na tradução francesa da edição de Landshut e Mayer lê-se o seguinte: "Conhecemos apenas uma ciência, a ciência da história. A história pode ser considerada sob dois aspectos, e dividida em história da natureza e história dos homens. Mas os dois aspectos não podem ser separados do tempo; enquanto houver homens, a história da natureza e a história dos homens se condicionarão mutuamente". (Karl Marx, *Oeuvres Philosophiques*, trad. J. Moliter, vol. VI, p. 153). Menciona-se que este parágrafo foi riscado do original.

CAPÍTULO I

a satisfazer nossas necessidades essenciais"[3]. A unificação total do saber só poderá ser tentada pela filosofia positiva como "síntese subjetiva", tarefa encetada por Comte quando veio a falecer. Nesta última parte de sua obra, a sociologia assume feição diferente. Não trata de uma ciência pura, mas de uma disciplina normativa, que inspira uma religião[4], a que correspondem os termos *sociocracia* e *sociolatria*, que ocorrem nos derradeiros textos. O sentido, pois, do termo sociologia no sistema de Comte não é unívoco. Num primeiro momento, substitui-se à "física social", para designar a sexta ciência fundamental, dividida em estática e dinâmica social. Mas a dinâmica social é alternativamente chamada de filosofia da história; sendo o social a realidade última atingível pelo espírito humano, as cogitações de ordem superior se situam neste terreno. Resulta daí uma ambigüidade de caráter da nova ciência, que se propõe um programa de estudos concretos, alicerçados em "indispensáveis especulações preliminares", e ao mesmo tempo ambiciona sistematizar os princípios mais gerais numa teoria que vem ocupar o lugar do superado sistema teológico-metafísico. No desenvolvimento cronológico do comtismo, a especulação vai perdendo progressivamente o caráter de preliminar, firmando-se como demonstração racional baseada em dados estabelecidos, a *Synthèse Subjective* consagrará a subordinação do objetivo ao subjetivo.

Cumpre assinalar que, no último positivismo, *subjetivo* adquire um sentido especial, ligando-se não ao indivíduo singular, mas a um sujeito social genérico, e referindo-se a uma realidade pensada. A vida objetiva termina com a morte, e o indivíduo, se julgado digno de "incorporação à Humanidade", passa a existir subjetivamente, isto é, no espírito dos outros homens. Os preceitos que regem este domínio são os da moral, cuja posição no sistema positivista não se define com clareza. Será mera "arte", ou seja, aplicação dos conhecimentos fornecidos pelas outras disciplinas, sobretudo pela "frenologia fisiológica" e pela sociologia, ou se trata de uma sétima ciência? O único que poderia decidir é o próprio Comte, mas o segundo volume de *Synthèse Subjective*, que deveria conter um tratado de moral positiva, da mesma forma que o capítulo 52 do *Capital* , não chegou a ser escrito.

---

3. Idem, ibidem.
4. É o que se evidencia já no título: *Système de Politique Positive ou Traité de Sociologie Instituant la Réligion de l'Humanité*.

Mas como a idéia moral está no cerne do sistema positivista, não se pode deixar em suspenso a questão. Para encaminhar-lhe a solução, é de valiosa ajuda a análise traçada por Arbousse-Bastide da trajetória dessa idéia por meio das diferentes fases da carreira do nosso autor. A ascensão gradual do espírito humano (prefigurada na do próprio Comte) leva a atingir um "ponto de vista definitivo", que comporta uma atitude estática, e o predomínio da ordem sobre o progresso[5]. O episódio Clotilde de Vaux, cuja significação na obra de Comte ainda alimenta discussões, parece ter sido de importância marcante na promoção da supremacia do "coração sobre o espírito"[6]. A experiência da morte e ausência da amada que resulta na reelaboração de *Système de Politique Positive*, eliminando-se a parte puramente lógica em proveito da "parte moral antes que mental"[7]. Nos escritos de 1848 e 1849, a sistematização da moral se reduz ao estudo de suas demonstrações racionais, e se assemelha às seis ciências abstratas, mas continua sendo uma aplicação dos princípios propostos por ela[8]. O *Discours sur l'Ensemble du Positivisme* marca a transição da moral aplicação e moral educação à moral articulação entre o abstrato e o concreto. Mas é ainda uma "arte", inspirada pela teoria da natureza humana, e tendendo para a regulação de vidas políticas[9]. Finalmente, no segundo volume de *Système de Politique Positive*, a teoria da natureza humana aparece como conjugação necessária da biologia (preâmbulo), da sociologia propriamente dita, e da moral (conclusão). Mas a ordem humana aqui se concebe como subdividida em coletiva e individual, como conseqüência da "separação final entre a existência moral propriamente dita e a simples existência social"[10].

A moral aparece, pois, ao termo desta longa evolução, como uma disciplina autônoma. "Só os pedantes discutirão eternamente se é uma ciência ou uma arte". Para evitar incorrer na pecha de pedante, dever-se-ia encerrar a discussão. Mas as hesitações de Comte, o medo súbito de pôr fim ao debate,

5. P. Arbousse-Bastide, *La doctrine de l'education dans le philosophie d'Auguste Comte*, vol. II, p. 504.
6. "[...] meu principal objetivo filosófico, a sistematização final de toda a existência humana em torno de seu verdadeiro centro universal: o afeto!", Carta a Clotilde de Vaux, "Testament", p. 548, citada por Arbousse-Bastide, ibidem, p. 516.
7. Ibidem, p. 517.
8. Ibidem, p. 521.
9. Ibidem, p. 532.
10. Ibidem, p. 542.

bem como a intenção de reabri-lo em *Synthèse Subjective*, mostram que o problema não fora resolvido. É que a posição enciclopédica da moral, e conseqüentemente seu estatuto científico, envolvem a questão fundamental da conceituação do indivíduo em suas relações com a sociedade, em que Comte situava as maiores dificuldades para plena sistematização do seu pensamento, e que constituirá o tema central versado neste trabalho. A instituição do "último grau enciclopédico", ciência ou arte, como quer que seja, aparentemente circunscreve um campo de estudo mais complexo, mais particularizado e concreto do que a sociologia. A denominação *moral*, na derradeira fase da carreira intelectual de Comte, se transforma em *antropologia moral* e simplesmente *antropologia*. Salvo juízo melhor informado, é esta a primeira vez que se usa o termo numa acepção diferente da que tem na filosofia clássica.

Isto posto, convém notar que a antropologia comtiana tem muito pouco em comum com a antropologia cultural ou social dos anglo-saxões. Ciência do homem individual, identifica-se, todavia, com a disciplina educativa (arte) que "previne e corrige as divagações teóricas"[11]. O que existe de peculiar ao indivíduo é, no mais das vezes, causa das "perturbações", que impedem a sua plena realização social (isto é, religiosa); é o domínio da patologia mental, em que "não se podem estabelecer leis científicas ociosas"[12]. As modificações patológicas, no que têm de generalizável, são as mesmas da evolução normal, como mudanças unicamente relativas ao sentido e a intensidade[13]. Não cabe submetê-las à análise, como fazem os cientistas, mas conhecê-las de modo intuitivo, à maneira feminina, para buscar nelas regras de conduta[14]. Em suma, como diz Arbousse-Bastide, "A antropologia moral estuda as leis do indivíduo para protegê-lo contra si mesmo"[15].

Sem utilizar métodos científicos, nem subordinando a doutrina aos métodos, nem pretendendo estabelecer leis, é óbvio que a moral só pode ser considerada ciência mediante o abandono da formulação lógica deste conceito, tal como fora estabelecido pelo jovem Comte. O autor de *Synthèse Subjective* não hesita em fazê-lo; *ipso facto*, afasta-se das posições do

---

11. A. Comte, *Catechisme positiviste*, p. 103.
12. Idem, *Système de politique positive*, vol. I, p. 706.
13. Idem, ibidem, vol. II, p. 442.
14. Idem, *Catechisme positiviste*, p. 104.
15. P. Arbousse-Bastide, *op. cit.*, p. 543, nota 2.

racionalismo, norteando-se para uma elucubração filosófico-religiosa e *sui generis*. Na realidade, os princípios firmados nos opúsculos da juventude, em *Cours de Philosophie Positive*, e em *Discours sur l'Esprit Positif* não são propriamente renegados. Mas, como os personagens de *A la Recherche du Temps Perdu*, assumem na segunda parte da obra um aspecto oposto ao que tiveram na primeira. O subjetivo se submete ao objetivo, a inteligência ao sentimento, a ciência à arte, e assim por diante. Como será demonstrado, essa mudança não é súbita, mas se encaminha lentamente nos escritos sucessivos de Comte. Mas, mesmo que explicável, não é justificável senão para aqueles que aderem ao positivismo religioso.

Interessa diretamente ao nosso argumento, principalmente, a parte científica da obra de Auguste Comte, embora seja necessário considerar a doutrina positivista na unidade que realmente tem. As elaborações posteriores ao *Discours sur l'ensemble du Positivisme* serão levadas em conta somente para definir as atitudes frente aos problemas filosóficos gerais. Nesta perspectiva, a sociologia é o fulcro em que se apóia e gira todo o sistema, termo último da série enciclopédica das ciências, e base, juntamente com o estudo biológico do homem, da política e da moral.

Capítulo II

A SÉRIE HIERÁRQUICA DAS CIÊNCIAS E A POSIÇÃO
DA SOCIOLOGIA. A "EDUCAÇÃO PRELIMINAR" DO SOCIÓLOGO.
CONTRIBUIÇÕES DAS DEMAIS CIÊNCIAS PARA
A CONSTITUIÇÃO DA SOCIOLOGIA

A seriação hierárquica das ciências é a decorrência do princípio básico do sistema positivista: a lei dos três estados. Ao estudar o desenvolvimento da inteligência humana, Comte supõe ter descoberto "uma grande lei fundamental a qual ela está sujeita por uma necessidade invariável, e que está solidamente estabelecida, seja por meio de provas racionais fornecidas pelo conhecimento de nossa organização, seja pelas verificações históricas resultantes de um exame atento do passado". "Esta lei consiste em que cada uma de nossas concepções principais, cada ramo de nossos conhecimentos, passa sucessivamente por três estados teóricos diferentes: o estado teológico, ou fictício, o estado metafísico, ou abstrato, e o estado científico, ou positivo". "O primeiro é o ponto de partida necessário da inteligência humana, o terceiro seu estado fixo e definitivo, o segundo está destinado unicamente a servir de transição"[1].

O que Comte deve a Saint Simon na elaboração deste, como de outros pontos da doutrina, é objeto de disputas. Brunschvicg também discerne nele inspirações que provêm de Turgot e do doutor Burdin, autor obscuro, cuja influência, no entanto, teria sido decisiva[2]. Não há dúvida, porém, que Auguste Comte, por meio da longa meditação de toda a sua obra, o fez intimamente seu. Assim é que cada estado extrai uma lição básica, que enfeixa num significado generalizador. O sistema teológico culmina na substituição das numerosas divindades independentes pela ação providencial de um ser único. A última fase do sistema metafísico consiste em conceber, em lugar de diferentes entidades particulares, uma só entidade geral, a natureza, encarada como origem única de todos os fenômenos. Do mesmo modo, "a perfeição do

---

1. A. Comte, *Cours de philosophie positive*, vol. I, p. 2.
2. L. Brunschvicg, *Les ages de l'inteligence*, pp. 4-7.

sistema positivo, para a qual tende sempre, sem que seja provável que deva jamais atingi-la, seria poder representar todos os diversos fenômenos observáveis como casos particulares de um só fato geral, por exemplo, a gravitação"[3].

Na falta desta unificação em profundidade, cumpre buscar a unidade dos métodos, que se evidencia por meio do estudo da "marcha efetiva do espírito humano em exercício, pelo exame dos processos empregados para obter os diversos conhecimentos exatos já adquiridos"[4]. A fundação da física social completa o sistema das ciências naturais, que atingem então, "um estado fixo e homogêneo". Compete à física social coordenar as ciências, apresentando-as como "ramos do mesmo tronco", em vez de continuar a concebê-las como corpos isolados[5]. Partilhando-se a predileção de Comte pelo número três, pode-se distinguir no processo de unificação das ciências, por meio da sociologia, um tríplice aspecto. Em primeiro lugar, a apreciação dos métodos da "filosofia natural" e de sua aplicação aos fenômenos humanos; a seguir, a consideração das leis que regem as outras esferas do real, que exercem influência mais ou menos direta sobre os fatos sociais; finalmente, já constituída, a nova disciplina esclarece a marcha do espírito na história, inclusive a aparição e desenvolvimento das ciências. O sistema se fecha sobre si mesmo, soldando o último elo da corrente ao primeiro.

Tal operação é acreditada possível por Comte, porque a mente unificadora atua sobre teorias, que nada mais são do que conjuntos de idéias. A produção de idéias é a principal atividade do homem na sociedade; elas são responsáveis pelo governo e desgoverno do mundo. Todo o mecanismo social pousa finalmente sobre as opiniões. "A grande crise política e moral das sociedades atuais depende, em última análise, da anarquia intelectual. Nosso mal mais grave consiste, com efeito, nesta profunda divergência, que existe atualmente, entre todos os espíritos com relação a todas as máximas fundamentais, cuja fixidez é a primeira condição de uma verdadeira ordem social". Enquanto as "inteligências individuais não tiverem aderido, por um assentimento unânime, a um certo número de idéias gerais, capazes de formar uma doutrina social comum", não se ultrapassará a fase das instituições provisórias[6].

3. A. Comte, *Cours de philosophie positive*, vol. I, p. 26.
4. Idem, ibidem, p. 18.
5. Idem, ibidem, p. 13.
6. Idem, ibidem, p. 26.

CAPÍTULO II

Vê-se, pois, que para Comte a primeira tarefa da sociologia é promover a convergência de concepções que garantirá a anuência das vontades, como se diz em outros passos, resultando na consecução de um equilíbrio duradouro, o estado normal. A vinculação entre a teoria e a prática se exprime na fórmula conhecida: a ciência leva à previdência, e a previdência à ação. Mas a preocupação com as finalidades imediatas só pode prejudicar o desenvolvimento do espírito científico, que é a busca da verdade em si mesma considerada. As ciências não são meras bases para as artes, mas têm, "antes de tudo, uma destinação mais direta e mais elevada: satisfazer a necessidade fundamental, que experimenta a nossa inteligência, de conhecer as leis dos fenômenos"[7].

O método científico tem, pois, suas raízes na própria natureza da inteligência humana, que se robustece ao exercitar-se de modo sistemático. Daí uma outra função que lhe é peculiar, e que assume a mais alta importância no positivismo, a educativa. Como já foi dito[8], o que caracteriza o gênero humano é a capacidade de transmitir os conhecimentos de uma geração para a outra. A passagem pelos estados e a positividade alcançada pelas ciências sucessivamente são fases na "educação espontânea" da humanidade. Segue-se que toda ciência pode ser exposta de dois modos diferentes: a marcha histórica e a marcha dogmática. Segundo a primeira, "expõem-se os conhecimentos na mesma ordem efetiva em que o espírito humano as obteve realmente e adotando, o quanto for possível, os mesmos caminhos". De acordo com a segunda, "apresenta-se o sistema de idéias tal como poderia ser concebido hoje por um espírito que, colocando-se num ponto de vista favorável e provido de conhecimentos suficientes, ocupar-se-ia em refazer a ciência no seu conjunto"[9]. A "educação geral", a ser ministrada para todos os homens, deve seguir, por razões de conveniência, a marcha dogmática. "O problema geral da educação intelectual consiste em levar, em poucos anos, um entendimento, o mais das vezes medíocre, ao mesmo ponto alcançado pelos gênios na longa sucessão dos séculos"[10].

A "educação preliminar", a que deve submeter-se quem deseje cultivar uma das ciências, consiste no estudo das outras que a precedem na escala enciclopédica. Neste caso, dar-se-á maior importância à história da ciência.

---

7. Idem, ibidem, p. 35.
8. Ver p. 11.
9. A. Comte, *Cours de Philosophie Positive*, vol. I, pp. 42-43.
10. Idem, ibidem, p. 44.

Todas as modalidades da didática, porém, nada mais são do que a sistematização da "educação espontânea". Comte acabará por fazer coincidir as duas marchas, identificando o dogmático (racional) e o histórico, o que evoca Hegel[11]. A educação preliminar do sociólogo é a mais prolongada de todas, pois supõe uma iniciação gradual na matemática, astronomia, química e biologia. Essa é a "grande destinação", como diria o seu autor, de *Cours de Philosophie Positive*. Não se tentará aqui, no entanto, retraçar a trajetória imposta por Comte. Faz-se apenas necessário salientar as principais lições que o aprendiz de sociólogo pode tirar das ciências do mundo inorgânico. A biologia, por suas íntimas relações com a sociologia, deverá deter mais a atenção.

A matemática é considerada a ciência por excelência, em virtude de sua aptidão de coordenar os fatos; em nenhuma outra as "questões são resolvidas de modo tão completo e as deduções se estendem com tanta rigorosa severidade"[12]. A análise matemática é "a verdadeira base racional do sistema inteiro dos nossos conhecimentos positivos", em virtude dessa possibilidade de extensão, que se assimila à analogia, numa obra da mocidade: "Toda equação nada mais é do que uma comparação análoga a que fazemos nas nossas línguas, sendo somente mais precisa"[13]. Além disso, em todas as pesquisas, em qualquer campo, tem-se em vista "chegar a números e a doses". Mesmo na biologia, cujas aplicações são mais restritas, é o que se observa em relação às quantidades de drogas que restabelecem o estado normal do organismo[14]. Mas, ainda que o quantitativo seja universal, não se presta a um tratamento matemático quando a variabilidade numérica dos fenômenos é demasiado pronunciada, o que se verifica na biologia, e mesmo nas partes mais complexas da "física inorgânica"[15]. Com maior força afirma-se o mesmo quanto aos fatos sociais. A matemática, pois, tem por função, para o sociólogo, servir de paradigma ao método científico geral.

Porém mesmo esse papel é desempenhado de modo mais perfeito pela astronomia. O curso popular de astronomia que Auguste Comte ministrou por vários anos foi julgado o mais adequado para iniciar as camadas populares no espírito positivo. Há também aqui uma justificativa de ordem histórica,

11. Ver Emile Bhéhier, *Histoire de la philosophie*, vol II, pp. 744 e 784.
12. A. Comte, *Cours de Philosophie Positive*, vol. I, p. 72.
13. Idem, "Évolution originale", em antologia organizada por Raimundo Teixeira Mendes, p. 522.
14. A. Comte, *Cours de Philosophie Positive*, vol. I, p. 81.
15. Idem, ibidem, p. 83

CAPÍTULO II

pois o estudo dos astros foi "o principal motor das grandes revoluções intelectuais"[16]. Com efeito, a astrologia surge como a primeira especulação teológica de caráter objetivo, permitindo assim o desenvolvimento da primeira ciência a atingir o estado positivo, e, mesmo, para Comte, a única que o teria realizado plenamente até o momento em que escrevia. Quais as razões desse fato? Curiosamente, são as limitações metodológicas da astronomia que são consideradas responsáveis por seu rigor científico. As pesquisas neste campo se reduzem a simples observações visuais, não podendo os outros sentidos intervir; excluem-se as possibilidades de experimentação, por motivos óbvios. A simplicidade dos métodos resulta na homogeneidade dos dados recolhidos, o que possibilita a mais vasta aplicação dos meios de análise matemáticos[17].

Outra limitação contribui poderosamente para o desenvolvimento da astronomia: a impossibilidade de ação direta sobre os corpos celestes. A idéia é retomada por Alain, quando diz, "nunca teria havido astronomia se pudéssemos pôr a mão no sistema solar para mudar-lhe alguma coisa. A grande lição da astronomia é que é necessário considerar astronomicamente tudo". A própria palavra *considerar* deriva do étimo *sidera*, ponderação muito presente no espírito de Comte, que se comprazia na exploração etimológica e semântica dos vocábulos[18]. Por essa forma se estabelece a separação entre o conhecimento puro e a aplicação. Os astrônomos gregos, proscrevendo as cogitações teológicas, preocupavam-se unicamente em prever o estado do céu num futuro próximo ou remoto. No entanto, tais estudos levaram a técnicas precisas de levantamento da posição dos astros, que prestaram inestimáveis serviços aos navegantes para a determinação da latitude. Querer, portanto, restringir o campo científico às pesquisas de utilidade imediata é próprio de espíritos estreitos[19].

A astronomia aponta para as outras ciências a necessidade de a mente humana tornar-se um "espelho fiel da ordem exterior". Mas há mais. Os fenômenos físicos, químicos, fisiológicos, e mesmo sociais, estão subordinados, de modo mais ou menos direto, aos fenômenos astronômicos. Todos eles se passam no planeta Terra, e dependem de sua constituição e movimentos. "Os fenômenos relativos à sociedade humana não se poderiam conceber racionalmente sem a consideração preliminar das principais leis astronômicas".

16. Idem, *Discours sur l'esprit positif*, p. 170.
17. Idem, *Cours de Philosophie Positive*, vol. II, pp. 1-9.
18. Alain, citado por J. Lacroix. *La sociologie d'Auguste Comte*, p. 32.
19. A. Comte, *Cours de Philosophie Positive*, vol. II, pp. 9-11.

O que dizem essas leis? Que a distância entre o nosso planeta e o sol, e, por conseguinte, a duração do ano, a obliqüidade da eclítica etc. apresentam uma notável regularidade: "que as alterações do nosso sistema solar nada mais são do que oscilações graduais e muito limitadas em torno de um estado médio necessariamente invariável"[20]. Tentar-se-á demonstrar na física social que a sociedade humana tende para um estado normal (positivo) do equilíbrio final, em que as perturbações da harmonia serão eliminadas.

Dadas essas conexões, as teorias astronômicas exercem um papel relevante na renovação da inteligência humana. A passagem do fetichismo ao politeísmo resultou do culto aos astros. O primeiro esboço do conceito matemático da astronomia, sob o impulso de Tales e Pitágoras, "constituiu a principal origem mental da decadência do politeísmo e da ascensão do monoteísmo". A "positividade moderna", tendendo para a constituição de um novo sistema filosófico, está essencialmente ligada à transformação na astronomia operada por Copérnico, Kepler e Galileu[21].

É na física que Auguste Comte vai buscar os principais modelos teóricos para construir uma ciência da sociedade, que a princípio chamou de *física social*. Os conceitos de força, movimento e equilíbrio, entre outros que a mecânica estuda, servem de base para explicação de mudanças em todos os campos. Em todas as ciências, e mais particularmente em sociologia, cumpre distinguir os fenômenos estáticos dos dinâmicos. A unificação dos diferentes ramos da física, embora corresponda a uma necessidade profunda do espírito, parece-lhe, no entanto, uma tentativa vã.

Os fenômenos físicos estão presentes nas operações químicas; a eletricidade e o calor, por exemplo, desempenham papel na combinação dos corpos. Mas a molécula, uma vez constituída, tem organização que lhe é peculiar, e que preside fenômenos delimitados. A química é definida como ciência das composições, conceitos que são usados analogicamente em biologia e sociologia.

As ciências do inorgânico devem ser estudadas pelo sociólogo porque, além de seu valor educativo, informam sobre o quadro natural em que agem os organismos animais e humanos, como também as sociedades. É da ação recíproca entre organismo e meio que resultam os fenômenos vitais, objeto da biologia. Bichat supunha o ser vivo em contínua luta contra o ambiente,

---

20. Idem, ibidem, p. 15.
21. Idem, *Discours sur l'esprit positif*, p. 171.

que tenderia sempre a destruí-lo. Comte, ao contrário, embora aceitasse a idéia do conflito vital, reputava indispensável conceber sua resolução numa harmonia. Os princípios básicos da biologia impõem que se ligue "de maneira tanto geral quanto especial, a dupla idéia de órgão e de meio com a de função. No fundo, esta segunda idéia tem o mesmo duplo aspecto da primeira, porque, segundo a lei universal da equivalência necessária entre reação e ação, o sistema ambiente não poderia modificar o organismo sem que este, por seu turno, exercesse sobre ele uma influência correspondente. A noção de função ou de ato deve compreender, na realidade, os dois resultados do conflito"[22]. Cada organismo determinado mantém relações necessárias com um sistema igualmente determinado de circunstâncias exteriores. Resulta daí, não se poder estabelecer que a primeira dessas duas forças correlativas deva necessariamente ser produzida pela segunda, e muito menos que possa produzi-la. Trata-se tão somente de um equilíbrio mútuo entre dois poderes heterogêneos independentes. Como todos os organismos se encontraram sucessivamente em relação com todos os meios imagináveis, a maioria desses organismos acabou por desaparecer, substituindo apenas aqueles que podiam satisfazer às leis desse equilíbrio fundamental. É provavelmente por uma série de eliminações análogas que a harmonia biológica se estabeleceu pouco a pouco no nosso planeta[23].

A transmissibilidade dos caracteres adquiridos pelo organismo neste processo, fundamento da teoria de Lamarck, é acolhida por Comte com grandes reservas. Não reputa indiscutíveis as provas empíricas aduzidas. Do ponto de vista teórico, não lhe parece admissível que os seres vivos sejam infinitamente plásticos e continuamente moldados pelo ambiente. Nesta hipótese, não haveria como explicar a diversidade e continuidade das espécies. É de supor que os organismos são modificáveis pelo meio até certo ponto, que corresponde aos limites de sua natureza. Daí por diante, a mudança acarretaria a extinção da espécie.

A reação dos organismos ao meio ambiente é de importância secundária, a não ser no caso do homem. Embora o homem seja um animal excepcional por vários títulos, é dele que deve partir o estudo da biologia. A noção geral de homem sendo a única imediata, deve constituir o padrão de estudo dos outros sistemas orgânicos[24].

22. Idem, *Cours de Philosophie Positive*, vol. III, p. 158.
23. Idem, ibidem, p. 297.
24. Idem, ibidem, vol. IV, p. 163.

É neste passo que Comte revela as influências que exerceu, sobre seu espírito, o pensamento francês dos séculos anteriores, em particular dos enciclopedistas. Assim é que julga possível formular leis gerais sobre a natureza humana, as quais facultariam, por dedução, conhecer os outros organismos animais. "Uma primeira análise, obtida pela observação propriamente dita, ajudada pela observação do homem adulto e normal, serve para formar a grande unidade científica, segundo a qual se ordenam os termos sucessivos da imensa série biológica, à medida que se afasta desse tipo fundamental descendo até as organizações mais simples e aos modos de existência mais imperfeitos[25]."

Em virtude desse princípio, os métodos de observação, experimentação e comparação devem estar intimamente conjugados na biologia. As analogias existentes entre os organismos possibilitam extensas aplicações do método comparativo. A comparação em biologia pode ser subdividida em três modalidades: comparação entre as diversas partes de um mesmo organismo, entre diferentes fases de cada desenvolvimento e, sobretudo, entre os termos distintos da grande hierarquia dos corpos vivos. Primeira modalidade: todos os tecidos, todos os aparelhos, por isso mesmo que são organizados e fazem parte dos seres vivos, apresentam de modo homogêneo os caracteres fundamentais inerentes às próprias idéias de organização e de vida. A analogia dos órgãos se torna cada vez mais pronunciada na medida em que aumenta a analogia das funções. Segunda modalidade: o principal valor da comparação, entre diversos estados do desenvolvimento, está em colocar em confronto, numa escala mais breve, o conjunto sumário e rápido da série sucessiva dos organismos mais diferenciados que pode oferecer a hierarquia biológica. A análise das idades permite à anatomia e à fisiologia observar, no mesmo indivíduo, a complicação sucessiva de órgãos e funções que caracteriza o conjunto da hierarquia. (Haeckel dirá, algumas décadas depois, em linguagem mais tensa, "A ontogênese repete a filogênese"). Terceira modalidade: é a mais frutuosa, pois compara casos análogos em que o desenvolvimento se estende por largo período de tempo, em gradações quase insensíveis[26].

Da mesma forma que entre a física e a química, as fronteiras entre esta ciência e a biologia são nitidamente distinguíveis. Comte, apoiando-se em Blainville, reconhece que "as relações do organismo com o meio se renovam

25. Idem, ibidem, vol. III, p. 183.
26. Idem, ibidem, pp. 188-191.

CAPÍTULO II

continuamente por meio da luta regular e permanente entre o movimento de composição e o de decomposição", enquanto que a simples reação química é instantânea[27]. Os fenômenos químicos que se passam no organismo são modificados por sua estrutura anatômica, que lhes confere um grau superior de organização, aparecendo então em seu aspecto verdadeiro, como absorção e exalação. Em nota, alude-se a aceleração dos efeitos químicos dos corpos na presença de esponjas metálicas. É a ação da catálise, de fundamental importância para bioquímica, que Comte vislumbra, mas logo abandona, por considerar tais fenômenos excepcionais[28].

A especificidade do biólogo não justifica, no entanto, a concepção de entidades metafísicas, como o "princípio vital", de Barthez, ou as "forças vitais", de Bichat[29]. Embora tenha adotado uma posição anti-vitalista, o fundador do positivismo não deixa, por isso, de manifestar a mais vigorosa hostilidade contra a teoria celular.

Esta "quimérica e ininteligível associação de uma espécie de monadas orgânicas, que seriam os verdadeiros elementos primordiais de todo corpo vivo", parece-lhe uma "teoria fantástica, originada num sistema essencialmente metafísico". O prestígio de que ela se reveste aos olhos de muitos se deve "ao abuso das pesquisas microscópicas e ao crédito exagerado que se concede muitas vezes a um modo de exploração tão equívoco". É impossível imaginar uma concepção mais irracional e mais capaz de travar os verdadeiros progressos da ciência[30].

A veemência da invectiva contra a teoria celular oculta um temor de que ela venha pôr em choque a noção de *consensus*, uma das chaves do sistema positivista. Por *consensus*, Auguste Comte entende como funcionamento harmonioso das partes, conceito semelhante ao de gravitação em astronomia, e que tem maior aplicação no estudo dos fenômenos vitais e humanos. No mundo inorgânico, o *consensus* liga partes idênticas de um modo mais ou menos frouxo, embora as partículas na química manifestem certo grau de coesão. No organismo, é a própria estrutura que resulta da interdependência dos órgãos e tecidos, e *consensus* significa interligações múltiplas e complexas. A crescente complexidade e multiplicidade de conexões dos fenômenos torna-os mais modificáveis, possibilitando, portanto, a intervenção humana.

27. Idem, ibidem, p. 196.
28. Idem, ibidem, p. 197, nota.
29. Idem, ibidem, p. 213.
30. Idem, ibidem, p. 279.

É esta base das aplicações práticas da biologia, "que se resumem em dois grandes temas: 1. a educação dos seres vegetais e animais, isto é, a direção sistemática do conjunto de seu desenvolvimento para um fim determinado; 2. a sua medicação, isto é, a ação racional exercida pelo homem para trazê-los ao estudo normal"[31]. "O estudo concreto de cada organismo compreende dois ramos principais: 1. a sua história natural propriamente dita, isto é, o quadro racional e direto de sua existência real; 2. sua patologia, isto é, o exame sistemático das diversas alterações de que ele é susceptível, e que constitui um espécie de apêndice e complemento de sua história"[32]. O caráter de complementaridade do estudo dos fenômenos patológicos se depreende de sua natureza, já que, na concepção comtiana, não passam de intensificação ou redução das funções normais. A medicação e a educação são processos de conduzir ou reconduzir ao estado de equilíbrio, o qual convém conhecer-se perfeitamente.

Na consideração desse equilíbrio, Comte condena a atitude dos filósofos que professam admiração "pela profunda sabedoria de um mecanismo que declaram preliminarmente não poder compreender", e vê nisto resquícios da influência teológica na educação que tiveram. Para ele, o mecanismo geral dos movimentos animais consiste "numa excessiva complicação dos aparelhos ordinários". Seria possível "aos geômetras e aos físicos" construírem um "novo organismo animal", "capaz de executar os atos que vemos realmente produzir-se". O "tipo ideal", embora produto de nossa fraca inteligência, seria superior ao "modo real"; o que não é de estranhar, porque o mundo inorgânico é melhor regulamentado que o orgânico[33]. Auguste Comte poderia, pois, passar por um dos precursores da cibernética, pelo menos em um de seus aspectos[34].

Como quer que seja, há diferenças fundamentais entre, de um lado, a estática e a dinâmica, e do outro, a anatomia e a fisiologia. No organismo, é necessário distinguir entre o vegetativo e o animal propriamente dito, de acordo com Bichat. O primeiro designa o duplo movimento de composição, depois da absorção e de exalação dos produtos da decomposição, sendo necessariamente contínuo. No aspecto animal se estudam os atos de irritabilidade e sensibilidade, que são por natureza intermitentes, já que nenhuma contração ou sensação pode se prolongar indefinidamente. Mas, na

31. Idem, ibidem, p. 246.
32. Idem, ibidem, p. 247.
33. Idem, ibidem, p. 385.
34. Ver pp. 78-79.

verdade, a distinção não pode ser tão nítida quanto a proposta por Bichat. Existem na vida vegetativa fenômenos intermitentes, como as contrações dos músculos intestinais ou do coração. Inegavelmente, porém, é na vida animal que se notam os exemplos mais acusados de intermitência, destacando-se o sono, suspensão periódica dos principais atos de irritabilidade e sensibilidade[35]. O sono incompleto origina, segundo o grau de entorpecimento, os diversos gêneros de sonambulismo e os sonhos. A esse respeito, cumpre assinalar uma outra sugestão profética de Comte. Certas experiências demonstraram que é possível influenciar o curso dos sonhos por meio de estímulos sensoriais, notadamente os olfativos. É de supor-se, portanto, que a atividade onírica tenha relações significativas com o estado de vigília. O médico sensato "deve considerar o caráter habitual dos sonhos a fim de aperfeiçoar o diagnóstico das moléstias que interessam sobretudo o sistema nervoso". Tudo leva a crer que os sonhos estão sujeitos a leis gerais, embora não sejam conhecidas[36].

Da consideração de intermitências passa-se à teoria dos hábitos por uma transição natural, pois há vínculos estreitos entre as duas ordens de fenômenos. As intermitências orgânicas podem originar os hábitos propriamente ditos pela repetição mais ou menos prolongada, com intervalos convenientes, acabando por reproduzir-se espontaneamente. Essa propriedade do organismo é de extrema importância, porque constitui "uma das principais bases de perfectibilidade gradual dos animais, e sobretudo do homem". "Assim é que os fenômenos vitais podem participar da admirável regularidade observada nos do mundo orgânico, tornando-se, como eles, essencialmente periódicos, apesar de sua complicação superior". Resulta daí a possibilidade de transformação dos atos voluntários em tendências involuntárias, dependendo do grau de intensidade dos hábitos, tornando-se inevitável quando se ultrapassa um certo limite[37].

No momento em que escrevia, Comte afirma não existir nenhuma teoria científica nos modos de estabelecer-se dos hábitos, o que deveria ser o principal objeto de estudo de uma biologia abstrata (isto é, uma psicologia animal e humana), separada da história natural propriamente dita. Aprofundando-se a noção, talvez fosse possível não ver nela um atributo exclusivo do organismo, pois há na natureza inorgânica fenômenos susceptíveis de reiteração

---

35. A. Comte, *Cours de philosophie positive*, vol. III, pp. 393-394.
36. Idem, ibidem, p. 395.
37. Idem, ibidem, p. 396.

periódica. As leis que regem os hábitos poderiam, em princípio, ser relacionadas com a lei universal da inércia na teoria do movimento e do equilíbrio físico[38]. O equilíbrio no animal comporta o exercício das funções orgânicas, não só as básicas, como nutrição e reprodução, mas também as suas faculdades. O não emprego de energias tem como resultado um penoso sentimento de fastio (*ennui*), comum aos animais superiores e ao homem; segundo Georges Leroy este é um dos motores da evolução humana, e como tal será estudado na dinâmica social[39].

As funções animais não se apresentam cada uma por si, ao contrário, estão sempre associadas. Comte acolhe a distinção introduzida por Barthez na terminologia de Bichat, mediante a qual se separam as simpatias das sinergias, significando-se com o primeiro termo as associações de sentimentos e com o segundo as dos impulsos voluntários. A palavra síntese designa tão somente a fusão das idéias. Estes fenômenos são característicos da vida animal superior, e não se encontram no nível vegetativo, que não comporta um verdadeiro concurso de funções independentes. A noção de concurso é o núcleo da "teoria mais capital da fisiologia positiva", a "da unidade fundamental do organismo humano, resultado necessário de uma exata harmonia entre as diversas funções principais", ou seja, o equilíbrio mútuo das faculdades no seu grau normal. É a base de uma compreensão do "eu" que afasta "os vãos devaneios" dos metafísicos, substituindo o conceito de uma entidade pelo de uma conjunção de processos[40].

Antes de entrar no estudo do homem, quer fisiológico, quer social, convém recapitular as lições colhidas nas diversas ciências, que constituem a "educação preliminar". Relembre-se que por meio delas pretende-se estabelecer o duplo princípio de unidade de método e homogeneidade de doutrina.

Do primeiro ponto de vista, a matemática fornece a própria concepção una do método, não só pela redução à quantidade, que é um caso limite, como também pelo princípio de extensão. Na astronomia se exerce a observação, mas limitada a um só sentido, a vista. Na física e na química intervêm os outros sentidos, notadamente, na última, o olfato e o paladar; e aplica-se também o método de experimentação que, aliás, ocupa posição subalterna, não sendo mais do que um modo de fixar as condições de observação. Na

38. Idem, ibidem, p. 397.
39. Idem, ibidem, p. 398.
40. Idem, ibidem, pp. 399-400.

CAPÍTULO II

biologia, além desses, surge o método de comparação, que assume a maior importância, subdividindo-se em comparação entre partes dos organismos, fases de sua evolução, e conjuntos ou classes compostas por eles. O que é comum a todos os métodos, constituindo um dos princípios básicos do positivismo, é a atitude que se pretende impor ao espírito humano de tornar-se reflexo da natureza.

Do ponto de vista da homogeneidade da doutrina, viu-se, de forma mais particularizada, a aplicação da lei dos três estados à evolução das ciências. Mas não se esclareceu a significação do estado positivo ou normal para cada disciplina. À princípio parece tratar-se de um artifício de método. "Para conceber nitidamente a verdadeira natureza de uma ciência, é preciso sempre supô-la perfeita"[41]. Mas, à medida que se avança no *Cours de Philosophie Positive*, mais e mais se nota que "normal" se converte em sinônimo de "final". Não se trata de assentar as bases que permitirão o progresso seguro do espírito científico, mas de limitar seu curso, canalizando-o para direções inexoravelmente pré-traçadas. Como já foi exposto, a teoria celular (assim como o uso do microscópio) é excluída da biologia. A química, Comte assim decreta, não deverá jamais matematizar-se; o limite de aplicação da análise matemática é a física[42]. A própria definição da física a circunscreve ao estudo das propriedades gerais dos corpos considerados em massa, proibindo-se qualquer investigação sobre a natureza íntima da matéria[43]. Da mesma forma, o conhecimento do sistema solar é proposto como objeto fundamental da astronomia, enquanto a concepção do universo, obscura por essência, está para sempre condenada a permanecer como tal[44]. Em vários passos da obra comtiana, o cálculo de probabilidades é taxado de pernicioso para o progresso científico, especulação quimérica e inútil, viciosa maneira de pensar.

Se cada campo do saber está estritamente demarcado, se entre um e outro os contatos são tênues, em que repousa, logicamente, a homogeneidade da doutrina? "Numa necessidade evidente: somente precisamos conhecer o que pode agir sobre nós de um modo mais ou menos direto; por outro lado, pelo fato mesmo que uma tal influência existe, ela se tornará mais cedo ou mais tarde para nós um meio certo de conhecimento"[45]. Portanto, cada esfera

---

41. Idem, ibidem, vol. I, p. 79.
42. Idem, ibidem, p. 211.
43. Idem, ibidem, vol. II, lição 28, passim.
44. Idem, ibidem, vol. II, p. 5.
45. Idem, ibidem, p. 6.

discreta do real exerce pressão sobre o espírito humano, levando-o a dar-se conta dela, a enfeixar os dados da observação numa disciplina. A unificação do saber humano se faz pelo confronto entre as diferentes ciências, que põe em relevo as analogias existentes entre elas.

Em suma, há uma coincidência dos diferentes planos. O estado normal de um ramo do conhecimento é atingido quando os fenômenos naturais que delimita entraram na fase normal, impondo-se à consideração da inteligência humana.

Capítulo III

O ESTUDO DO HOMEM EM SI MESMO CONSIDERADO.
A "FISIOLOGIA FRENOLÓGICA", SUBSTITUTO DA PSICOLOGIA.
SUGESTÕES PARA PESQUISAS NESSE TERRENO

No entender de Comte, o estudo do homem é objeto de duas ciências, a "fisiologia frenológica" e a sociologia, unidas por íntimas relações de complementaridade. O seu ponto de partida é inteiramente biológico. A teoria positiva das funções afetivas e intelectuais consiste no estudo experimental e racional dos diversos fenômenos de sensibilidade interior, próprios dos gânglios cerebrais desprovidos de ligações com os aparelhos exteriores imediatos[1]. Esta foi a base que Gall deu à ciência dos fatos mentais, libertando-a de suas cadeias teológico-metafísicas. Entre a teoria de Gall e a psicologia, não se pode jamais estabelecer controvérsia direta, porque são dois métodos radicalmente opostos, e a verdadeira discussão supõe princípios comuns. Um método é substituído por outro pela simples concorrência efetiva, sem discussão formal. Mas isso se passou no mundo da ciência; é necessário que se divulgue, para que o espírito positivo nestes estudos prevaleça definitivamente. Começa-se então pela refutação do método introspectivo[2].

É evidente, diz Comte, que toda função orgânica só pode ser estudada em relação ao órgão que a executa e aos fenômenos de sua execução. Em segundo lugar, as funções afetivas, e sobretudo as funções intelectuais, apresentam um caráter particular, que é o de não poderem ser observadas diretamente quando se executam, mas somente nos seus resultados mais ou menos próximos, mais ou menos duráveis. Só há duas maneiras de considerar, na realidade, essas funções: determinando as diversas condições das quais elas dependem, o que constitui o principal objeto da fisiologia frenológica, ou observando diretamente a seqüência efetiva dos atos intelectuais e morais,

---

1. A. Comte, *Cours de Philosophie Positive*, vol. III, p. 404.
2. Idem, ibidem, p. 406.

pertencente à história natural propriamente dita. Esses dois aspectos inseparáveis de um tema único devem ser concebidos de modo a esclarecerem-se mutuamente. Portanto, a ciência dos fenômenos mentais está ligada, por um lado, à biologia teórica e, por outro, à "história real dos animais, do homem, e mesmo da humanidade". É um estudo concreto, que põe em foco o agente e o ato, negligenciados pela psicologia dos ideólogos[3].

O que Comte critica nos ideólogos é terem feito do "espírito" o objeto mais ou menos exclusivo de suas especulações, sem se preocuparem com as faculdades afetivas, que supõe sempre subordinadas à inteligência. Uma tal concepção é o inverso da realidade, pois a experiência quotidiana mostra que, ao contrário, as afeições, as inclinações, as paixões, são os principais móveis da vida humana. Contrariando a evidência, o homem é apresentado como um ser racionador por excelência, executando continuamente, sem sabê-lo, uma infinidade de cálculos imperceptíveis, sem nenhuma espontaneidade de ação, e isto desde a mais tenra infância[4].

Os ideólogos incidem em dois erros principais. O primeiro foi separar radicalmente o estudo das ações do homem da consideração das ações dos animais. O segundo, foi conceder uma importância excessiva àquilo que chamaram a unidade do "eu", a fim de corresponder à rigorosa unidade da alma que era imposta pela filosofia teológica. A ciência positiva estabelece que a natureza humana é eminentemente múltipla, ou seja, é solicitada sempre em diversos sentidos por forças distintas e inteiramente independentes, entre as quais se forma um equilíbrio, à custa de grandes esforços. O estado normal da mente supõe a associação regular permanente das sinergias e simpatias. É do sentimento contínuo dessa harmonia que resulta a noção abstrata e indireta do "eu", que nada mais é do que o *consensus* universal do conjunto do organismo. Ao termo personalidade, Comte atribui um sentido pejorativo, o mais das vezes sinônimo de egoísmo; é comum aos homens e aos animais, talvez mesmo mais pronunciada nos animais superiores que no homem, por causa da vida isolada que levam.

Como decorrência destes princípios, os psicólogos distinguiram radicalmente a inteligência do instinto, o que diferenciaria a natureza humana da natureza animal. A única acepção válida da palavra "instinto" é a que designa todo impulso espontâneo para uma direção determinada, independente de

3. Idem, ibidem, p. 405.
4. Idem, ibidem, p. 411.

CAPÍTULO III

qualquer influência estranha. Assim sendo, aplica-se à atividade própria e direta de uma faculdade qualquer, tanto intelectual quanto afetiva. Este sentido é evocado quando se diz que uma pessoa tem pendor natural para a música ou matemática, o que é legítimo, porque o homem possui mais instintos do que o animal. Comte faz sua uma fórmula de Blainville, "o instinto é a razão fixada, a razão é o instinto móvel", que determina apenas uma diferença de grau entre ambos[5].

A refutação da concepção de uma psicologia do espírito não deve, no entanto, levar a uma teoria metafísica, como a de Condillac e seus sucessores. Ao adotar o axioma de Aristóteles, "nada existe no intelecto que não tenha antes passado pelos sentidos", estes não levaram em conta a retificação fundamental de Leibnitz, "a não ser o próprio intelecto". A sensação transformada não pode servir de base a todos os atos intelectuais, pois implicaria na identidade final de todos eles, eliminando também as características que distinguem os indivíduos uns dos outros[6].

Carecem igualmente de fundamentos as tentativas feitas pela "escola alemã" e pela "escola escocesa", embora sejam ressalvadas as contribuições de Hume, Adam Smith e Fergusson. De modo que Comte acaba por recusar qualquer validade ao próprio termo psicologia, substituído pela frenologia de Gall e Spurzheim.

Dois princípios servem de base à doutrina de Gall, a saber: as disposições fundamentais tanto afetivas como intelectuais são inatas; as faculdades são distintas e radicalmente independentes umas das outras, embora na vida corrente apareçam conjugadas. O primeiro prova-se pela existência dos talentos naturais; o segundo, pelas moléstias do sistema nervoso em que uma faculdade se exacerba[7].

À diversidade de funções, na ordem fisiológica, deve corresponder uma nova concepção anatômica do cérebro, em que é necessário distinguir partes diferentes e independentes, embora por sua contigüidade permita, no mais alto grau, a efetivação de simpatias e sinergias. Em suma, o cérebro não é um órgão, propriamente dito, é antes um aparelho, mais ou menos complexo, segundo o grau de desenvolvimento do animal. O objeto da fisiologia frenológica consiste em determinar, com a maior exatidão possível, o órgão

---

5. Idem, ibidem, pp. 412-415.
6. Idem, ibidem, p. 416.
7. Idem, ibidem, p. 419.

cerebral responsável por cada disposição afetiva ou intelectual; ou, o que é mais difícil, partindo de uma parte da massa encefálica que apresente as condições anatômicas peculiares de um órgão distinto atingir a função a que ele preside. É necessário, neste passo, atentar para uma correção que Spurzheim introduziu na teoria de Gall. As faculdades fundamentais não conduzem os atos, nem tampouco a modos e graus de ação determinados; mas os atos efetivos dependem, em geral, da associação de certas faculdades, e do conjunto das circunstâncias correspondentes[8].

À luz destes princípios, é possível compreender porque as funções, sejam afetivas ou intelectuais, se tornam mais elevadas, ou mais humanas, e ao mesmo tempo menos enérgicas, à medida que passam a ser exclusivas da parte superior da série zoológica. A comparação entre os cérebros dos animais mostra que as sedes das faculdades intelectuais ocupam extensão cada vez menor e cada vez mais afastada da coluna vertebral, que nos organismos primitivos é o centro do sistema nervoso. De sorte que as faculdades mais características da humanidade se situam na parte menos desenvolvida e mais anterior do cérebro, enquanto a mais volumosa e mais posterior constitui a base das faculdades comum a todos os animais. Apenas uma sexta parte do volume total do cérebro corresponde às funções intelectuais no homem; todo o restante se reserva para as disposições afetivas. Esta é a prova anatômica do predomínio da afetividade sobre a razão[9].

Prosseguindo na análise frenológica, distinguem-se nas faculdades afetivas as inclinações dos sentimentos ou afeições; as primeiras residem na parte posterior e fundamental do aparelho cerebral, e as segundas, na sua parte média. As faculdades intelectuais, por seu turno, se subdividem em perceptivas, que compõem em conjunto o espírito de combinação, e em reflexivas, com número reduzido, que formam o espírito de combinação. A parte ântero-superior da região frontal é a sede exclusiva destas últimas, que constituem o principal atributo da espécie humana. Assim se confirma e se explica a distinção estabelecida, em todos os tempos pelo bom senso vulgar, entre o que se chama coração, caráter e espírito[10].

As diferenças entre inclinações e sentimentos não foram bem esclarecidas pelos fundadores da frenologia. Para dar-lhes aspecto científico, é necessário

8. Idem, ibidem, pp. 420-421.
9. Idem, ibidem, p. 422.
10. Idem, ibidem, p. 425.

CAPÍTULO III

reconhecer que o primeiro gênero diz respeito ao indivíduo isolado, ou, no máximo, à família, encarada em suas funções de conservação, tais como reprodução, educação dos filhos, alimentação, habitação etc. O segundo gênero supõe a existência de relações sociais, seja entre indivíduos de espécies diferentes, seja entre indivíduos da mesma espécie, deixando-se de considerar o sexo. O sentimento de propriedade, isto é, a disposição do animal de se apropriar dos objetos, constitui a transição natural entre os dois gêneros, sendo social por natureza, mas individual pela destinação[11].

Estas são, para Comte, as principais contribuições científicas de Gall. Não é possível aceitar, todavia, a sua tentativa antecipada e mal concebida de encontrar localizações especiais para as diversas funções do cérebro. Mas esse vício fundamental não diminui a importância de sua obra.

Os opositores de Gall criticaram, sobretudo, uma concepção fatalista da natureza humana a ele atribuída. Confundiram, no entanto, o princípio científico da subordinação dos fenômenos às leis com a necessidade irresistível de sua realização. Ora, na medida em que se percorre a seriação hierárquica das ciências, observa-se a complexidade crescente e o número cada vez maior de variáveis. Por esta forma, abrem-se mais oportunidades para a intervenção humana, pois os fenômenos se tornam mais modificáveis. Tomando-se por base que os atos reais dependem sempre da ação combinada de diversas faculdades fundamentais, é possível, pelo exercício, desenvolver cada uma delas, assim como a inatividade tende a atrofiá-las. Em segundo lugar, as faculdades intelectuais diretamente destinadas, por sua natureza, a modificar a conduta geral do animal, segundo as exigências variáveis das situações, podem alterar muito a influência prática de todas as outras faculdades. Como já foi exposto, a ciência biológica informa as duas artes fundamentais, a medicação e a educação. A definição geral da educação implica na perfectibilidade, que supõe a existência de predisposições convenientes, que estão submetidas a leis determinadas, sem as quais não poderia conceber a possibilidade de exercer sobre o conjunto nenhuma influência sistemática[12].

Visto que a fisiologia cerebral está em seus inícios, é necessário traçar-lhe um programa de realizações. Deve-se colocar em primeira linha os estudos anatômicos, mais susceptíveis de darem resultados imediatos. Uma análise puramente fisiológica das faculdades elementares deverá finalmente se cons-

---

11. Idem, ibidem, p. 425.
12. Idem, ibidem, p. 428.

tituir, deixando de lado provisoriamente, as considerações anatômicas. A classificação de Gall, que compreende vinte e sete faculdades, bem como a de trinta e cinco imaginada por Spurheim, são insatisfatórias. Faz-se mister com o arbitrário neste terreno[13].

Para aperfeiçoar e retificar essa análise elementar, "seria muito útil juntar à observação geral e direta do homem e da sociedade uma judiciosa apreciação fisiológica dos casos individuais mais pronunciados". Como a atividade intelectual é o que mais interessa a Comte, é neste setor que encara a aplicação mais extensa do método proposto. Por exemplo, uma série de monografias sobre os grandes matemáticos poderia esclarecer, de uma vez por todas, que não existe um espírito matemático, mas associações de qualidades diferentes em cada um, em particular. De modo análogo, embora não seja tão grande o interesse, podia-se cogitar monografias sobre artistas eminentes[14].

O método patológico, como já foi indicado, baseia-se no princípio de Broussais; que via nas moléstias intensificações ou atenuações dos fenômenos do estado normal. As vantagens de sua aplicação à fisiologia cerebral são evidentes; sobretudo no caso das chamadas monomanias, a pesquisa poderá por em relevo o funcionamento das faculdades mentais hipertrofiadas, esclarecendo o seu papel[15].

Um campo de estudos inteiramente novo poderia ser aberto pela comparação entre a inteligência dos animais e a do homem. Reafirma-se aqui a inexistência de uma demarcação nítida entre inteligência e instinto. Os animais superiores manifestam, embora em menor grau do que o homem, a capacidade de associar as faculdades, que só se pode chamar de inteligência. Sem dúvida, a perfectibilidade social é atributo exclusivo do homem, mas nada prova que outras espécies pudessem ter um desenvolvimento semelhante, se não tivessem encontrado o caminho barrado pela dominação da nossa própria espécie. Do alto de sua supremacia, o homem julga os animais mais ou menos do mesmo modo como o tirano vê os seus súditos, isto é, em massa, sem discernir neles nenhuma peculiaridade digna de nota.

No entanto, os diversos graus de hierarquia animal se distinguem uns dos outros por diferenças mais nítidas que as existentes entre os animais superiores e o homem. O estudo racional dos costumes e do espírito dos

13. Idem, ibidem, pp. 429-432.
14. Idem, ibidem, pp. 435-436.
15. Idem, ibidem, pp. 437-438.

CAPÍTULO III

animais, que lançaria luzes sobre a natureza da inteligência, está inteiramente por fazer[16].

Outro tipo de pesquisa, que deve ser desenvolvido pela fisiologia cerebral, é o que concerne a "lei das intermitências", ou seja, os hábitos. Os fisiológicos começam apenas a dar-se conta da alta importância dos hábitos na formação das associações sinérgicas e simpáticas. Nem sequer se conhecem os princípios gerais que as regem e, na sua ausência, o número das inclinações, sentimentos e aptidões se multiplica indefinidamente[17].

Para finalizar, Comte deplora que os estudos anatômicos e fisiológicos tenham separado o cérebro do conjunto do sistema nervoso. Ampliando uma sugestão de Bichat, afirma que "o conjunto dos fenômenos intelectuais e afetivos, apesar de sua extrema importância, constitui apenas, no sistema total da economia animal, um indispensável intermediário entre a ação do mundo exterior sobre o animal, por meio das impressões sensoriais, e a reação final do animal pelas contrações musculares. Não se tinha constituído nenhuma concepção positiva sobre correlação entre a "seqüência dos atos interiores do cérebro" e essas reações finais, de que se suspeita tenham sua origem na medula dorsal[18].

Os caminhos indicados por essas considerações todas permitirão constituir os principais elementos, por meio dos quais a filosofia natural do século XIX se distinguirá definitivamente da que imperava no centênio precedente[19]. Quase todas as profecias de Comte falharam; esta, no entanto, foi justificada pelo curso dos acontecimentos.

---

16. Idem, ibidem, pp. 439-440.
17. Idem, ibidem, p. 441.
18. Idem, ibidem, p. 443.
19. Idem, ibidem, p. 444.

Capítulo IV

O ESTUDO DO HOMEM SOCIAL. TENTATIVAS ATÉ ENTÃO FEITAS NESTE DOMÍNIO. CIRCUNSTÂNCIAS QUE PERMITIRAM A ECLOSÃO DA SOCIOLOGIA. DINÂMICA E ESTÁTICA SOCIAL EM SEUS PRINCÍPIOS BÁSICOS *A PRIORI*

As cinco ciências até agora examinadas já tinham atingido um maior ou menor grau de positividade, exigindo apenas uma apreciação racional, tendendo a libertá-las de todas influências indiretas da antiga filosofia. Mas a ciência social estava ainda dominada pelo espírito teológico-metafísico, necessitando de uma total reformulação de seus princípios. E é esta tarefa que Comte pretende levar a cabo.

A física social é compreendida como um ramo complementar da filosofia natural, da mesma natureza que as demais ciências, diferindo somente quanto ao objeto e os métodos. Dada a sua complexidade, só foi possível fundá-la depois que o conhecimento das leis naturais, que regem os fenômenos em outros setores, foi fixado de modo tal, que fornecesse algumas indicações fundamentais. As bases assim criadas não eram de todas sólidas, mas o empreendimento era urgente, em face das circunstâncias sociais e políticas da época. O fundador do positivismo considerava que a anarquia política existente provinha de uma anarquia moral, por seu turno, originada pela anarquia intelectual. Intenta, pois, para pôr cobro à situação, constituir uma doutrina que, por sua coerência interna, se revelasse capaz de reorganizar a sociedade. "Esta reorganização intelectual deve consistir principalmente em restabelecer, enfim, no sistema profundamente perturbado das idéias sociais, uma harmonia real e durável".

Uma tal "regeneração" tem lugar, a princípio, numa só inteligência (naturalmente, a de Comte), mas sua generalização está assegurada pela convergência natural dos espíritos para a verdade, qualquer que seja o número deles[1]. Aqui se retoma uma idéia formulada pela primeira vez em 1822, e reproduzida em nota. "Não há liberdade de consciência em astronomia, em

---

1. A. Comte, *Cours de Philosophie Positive*, vol. IV, p. 25.

física, em química, em fisiologia mesmo, no sentido que seria absurdo não acreditar, com plena confiança, nos princípios estabelecidos nessas ciências pelos homens competentes. Se não sucede o mesmo em política, é unicamente porque, tendo caído por terra os velhos princípios, e os novos não estando ainda formados, não há neste ínterim princípios propriamente ditos"[2]. A política apresenta-se, pois, como uma arte que não possui uma ciência básica que a informe, papel que cabe exclusivamente à sociologia.

Para que haja uma ciência, é óbvio, torna-se necessário que seu objeto tenha se constituído. Ora, o estado social da humanidade se desenvolveu de modo lento e penoso, por uma evolução gradual entrecortada por graves crises. Somente no século XIX faz-se possível o aparecimento da ciência social, depois que a inteligência sofreu a "salutar comoção geral" da Revolução Francesa. No período revolucionário impôs-se, com toda nitidez, a noção de progresso, "primeira base necessária" da sociologia[3]. A Antiguidade só conheceu as doutrinas da ordem, das quais a mais notável é a de Aristóteles. (Comte se desvencilha das concepções platônicas qualificando-as de "devaneios perigosos"). A Idade Média, "sob a benéfica tutela da teologia", foi um longo período de harmonia intelectual, interrompido pela "grande crise do Ocidente", iniciada pelo protestantismo. Na França do século XVIII, começa a fermentação das idéias que faria explodir a fase aguda dessa crise.

Dos pensadores do centênio setecentista, Comte coloca em primeira linha Montesquieu e Condorcet. No *Esprit des Lois* surge pela primeira vez, com toda clareza, a concepção de que os fatos políticos estão submetidos a leis naturais invariáveis, como quaisquer outros fenômenos. Montesquieu teria usado o método da "extensão", cuja importância já foi consignada, aplicando a noção de lei científica elaborada por Descartes, Galileu, Kepler e Newton no estudo das sociedades humanas. É de se louvar em Montesquieu, ter ele compreendido que as leis jurídicas resultam de uma dinâmica interna do corpo social, que escapa à vontade dos legisladores. Faltou-lhe apreciar, em sua devida importância, a ação do progresso, o que não poderia ser de outro modo, considerando-se a época pré-revolucionária em que escreveu. A tentativa de Montesquieu foi, pois, prematura, o que também se evidencia por defeitos de método. A comparação que estabelece entre fatos colhidos nos estados de civilização mais diversos parece invalidar qualquer idéia de conexão científica entre eles.

2. Idem, ibidem, p. 44, nota.
3. Idem, ibidem, p. 169.

Finalmente, Montesquieu baseia suas explicações unicamente na influência do clima. Comte vê nisto um exagero. É provável que o clima, assim como "outras causas físicas locais, foram poderosas nas origens da civilização, mas que perdem progressivamente seu domínio à medida que o curso natural do desenvolvimento humano permite cada vez mais neutralizar a ação delas"[4].

No famoso parágrafo em que se põe em curso o criticado termo *sociologia*, Auguste Comte acentua o valor de contribuição de Condorcet. Esta consiste principalmente na concepção da primeira noção verdadeiramente científica do progresso social da humanidade.

As poucas "páginas mortais" da introdução do *Esquisse d'un Tableau Historique des Progrès de l'Esprit Humain* formulam a questão em suas linhas essenciais, e são mais sujeitas a uma revisão fundamental. A superioridade de Condorcet sobre Montesquieu, neste particular, explica-se por duas razões, uma intelectual e outra política. A primeira diz respeito à excelente formação matemática de Condorcet, e ao desenvolvimento das ciências físico-químicas na época em que viveu. Assim sendo, era natural que o seu espírito estivesse mais imbuído de positividade. Do ponto de vista político, a participação de Condorcet na Revolução Francesa deu-lhe perspectivas para a renovação social, que era a grande lição a ser tirada do movimento. Os mesmos motivos são responsáveis pelas limitações do "ilustre pensador". Apesar de nas últimas décadas do século XVIII serem avultadas as contribuições de sábios eminentes, como Jussieu, Lineu, Buffon e outros, não se tinha ainda estabelecido um sistema racional para a "filosofia biológica". A fisiologia dos fenômenos intelectuais e morais nem sequer se esboçara. Não é de estranhar, portanto, que Condorcet ignorasse as leis fundamentais da natureza humana, e se deixasse arrebatar pela imaginação ao conceber a idéia da perfectibilidade indefinida do homem. Essa tendência, aliás, era nutrida pela metafísica revolucionária, que o induziu a uma visão contraditória do passado histórico. A contradição está na constatação de que a humanidade, nos fins dos séculos XVIII, tinha atingido um estado avançado de aperfeiçoamento e, ao mesmo tempo, na afirmação de que as doutrinas, instituições e formas de poder, que presidiram esse aperfeiçoamento, exerceram sobre ele uma "influência eminentemente retrógrada"[5].

4. Idem, ibidem, p. 184.
5. Idem, ibidem, pp. 185-191.

Essas duas tentativas são as únicas que Comte consigna como portadoras de algum valor. Alude veladamente à obra de Saint Simon, apresentada como um "esforço tão radicalmente ilusório quanto necessariamente estéril", ao deduzir a ciência social de uma das ciências já constituídas, que não teria tido outro mérito senão o de inspirar a ele, Auguste Comte, um verdadeiro empreendimento nesse sentido[6]. Em relação à economia política, sua atitude é predominantemente negativa. Reconhece o valor de Adam Smith no que toca às "luminosas análises da divisão do trabalho, do papel fundamental da moeda, da ação geral dos bancos", e outras mais. Mas os economistas, no melhor dos casos, não podem pretender mais do que uma descrição de alguns aspectos da sociedade industrial. Suas concepções gerais estão denominadas pelo espírito metafísico e, como tais, representaram na história contemporânea um papel meramente crítico, já inteiramente superado.

As características metafísicas da pretensa ciência econômica são as seguintes. Em lugar de seguir "as preciosas indicações do bom senso popular", constituiu-se um vocabulário especial, em que se debatem noções tais como "valor", "utilidade", "produção", com uma sutileza que evoca a Idade Média. As diferentes doutrinas, assim originadas, que aliás têm todas feição puramente pessoal, exigem princípios absolutos, ignorando as variações históricas. Quando "saem do mundo das entidades para abordar as especulações reais", os economistas procedem a uma análise industrial da sociedade, fazendo abstração dos aspectos intelectuais, morais e políticos. Esta "irracional separação" os condena à esterilidade, porque desconhecem a noção fundamental do *consensus* social.

É verdade que a economia política reconhece a "tendência natural das sociedades humanas para uma ordem necessária", mas daí conclui, erroneamente, pela inutilidade de toda instituição especial destinada a regular esta "coordenação espontânea"[7]. Acreditar que uma harmonia perfeita se estabelece por si mesma, eqüivale a "apresentar demissão solene" ante toda dificuldade acarretada pelo desenvolvimento industrial"[7].

Na história e na filosofia da história, Comte destaca apenas o nome de Bossuet, como autor da primeira tentativa do espírito humano de contemplar, de um ponto de vista elevado, o conjunto do passado social. Mas a filosofia teológica não pode estabelecer entre os acontecimentos humanos, senão,

6. Idem, ibidem, pp. 192-193.
7. Idem, ibidem, pp. 212-213.

certas ligações superficiais e ilusórias. O restante dos historiadores ainda não se libertara de um ponto de vista literário e descritivo [8].

A principal luta do positivismo, ao fundar a sociologia, vai ser travada contra a ciência política, iniciando-se pela questão dos métodos, intimamente ligados às doutrinas. "Quanto mais complexos e especiais se tornam os fenômenos, é tanto menos possível separar o método da doutrina".

A política teológica e a política metafísica, apesar de antagônicas na prática, partem de uma mesma atitude de espírito, de maneira a serem estudadas englobadamente. As características que os distinguem são, quanto ao método, a preponderância da imaginação sobre a observação; quanto à doutrina, a busca exclusiva das noções absolutas; como resultado, a tendência a exercer ação arbitrária e indefinida sobre fenômenos que não se encaram como submetidos a leis naturais invariáveis. "O estado teológico-metafísico é ideal na marcha, absoluto na concepção, e arbitrário na aplicação"[9]. A filosofia positiva se caracteriza, ao contrário, pela subordinação da imaginação à observação, e se restringe a procurar descobrir ou aperfeiçoar a exata coordenação dos fatos observados com os meios de empreender utilmente novas explorações. As ciências sociais apresentam dificuldades quanto aos métodos, sobretudo, em virtude da conexão mais íntima que os fatos observados mantêm com as paixões humanas. Em segundo lugar, o método positivo considera como necessariamente relativas todas as noções que, a princípio, eram tomadas como absolutas. Toda pretensão de conhecer a natureza íntima dos seres e suas causas primeiras só pode ser absoluta, enquanto a busca das leis dos fenômenos for eminentemente relativa, porque supõe um progresso contínuo de especulação subordinada ao aperfeiçoamento gradual da observação. A realidade última não poderá jamais, em nenhum campo, ser atingida [10].

A sujeição da teoria ao método e o estabelecimento do ponto de vista relativo, desvendando as leis naturais que regem os fenômenos, informam a possibilidade de agir sobre eles. Mas a capacidade de agir não é irrestrita; os limites são conhecidos em relação aos fenômenos orgânicos e inorgânicos. Falta estabelecê-los para os fatos políticos.

A escola metafísica não fez mais, neste particular, do que substituir a idéia da Providência por uma concepção vaga e geral da *natureza*, sem

---

8. Idem, ibidem, pp. 204-207.
9. Idem, ibidem, pp. 212-213.
10. Idem, ibidem, pp. 214-216.

sequer tentar demonstrar a subordinação dos efeitos a causas precisas, como em outros campos. Contentou-se, na maioria dos casos, em evitar a dificuldade filosófica, atribuindo ao acaso a produção dos fenômenos observados. Quando não se podia recorrer a esse expediente, exagerava-se a importância do gênio individual sobre a marcha dos negócios humanos [11]. A crença na capacidade ilimitada de modificação dos fatos sociais levou à vã procura da melhor forma de governo absoluto, fazendo-se abstração de todo estado determinado de civilização. No fundo, as especulações metafísicas e teológicas, confessada ou inconfessadamente, erigem em princípio supremo um automatismo social, "passivamente dirigido pela supremacia absoluta e arbitrária, seja da Providência, seja do legislador humano" [12].

A sociologia, como ciência natural que é, se preocupa com a explicação científica dos fenômenos de seu âmbito, que abre caminho para previsão racional, considerada "o critério mais irrecusável de positividade". "A própria idéia de uma previsão racional supõe que o espírito humano abandonou, definitivamente, a região das idealidades metafísicas para se estabelecer para sempre no terreno das realidades observadas". Comporta também a exigência de que as concepções políticas cessem de ser absolutas, para se tornarem relativas aos estados variáveis da civilização humana. As aplicações, naturalmente, excluirão qualquer veleidade arbitrária, porque estarão baseadas em leis científicas [13].

Uma vez estabelecido a sujeição dos fenômenos sociais às leis naturais, que tornam possível a previsão racional, resta demonstrar as características próprias dessas leis. Em sociologia, do mesmo modo que em física e em biologia, "separam-se espontaneamente" dois aspectos de análise, o estático e o dinâmico. É de tal importância essa separação, que Comte vislumbra a possibilidade de decompor a física social em duas ciências, estática social e dinâmica, tão distintas uma da outra quanto a anatomia o é da fisiologia. A divisão, no entanto, é relegada para um futuro indeterminado, caso, naturalmente, se revelar necessária.

Para as exigências da prática científica, basta afirmar a dualidade dos conceitos. O estudo estático do organismo social coincide com a teoria positiva da ordem, assim como o estudo dinâmico da vida coletiva constitui a teoria positiva do progresso.

11. Idem, ibidem, p. 223.
12. Idem, ibidem, pp. 224-225.
13. Idem, ibidem, p. 235.

CAPÍTULO IV

O princípio filosófico da estática social é a noção do *consensus*, que caracteriza todos os fenômenos relativos ao seres vivos, e que a vida social manifesta em mais alto grau. Essa "anatomia social" tem como objeto o estudo experimental e racional das ações e reações mútuas. que exercem continuamente, umas sobre as outras, as diversas partes do sistema social. Por esta forma, cada elemento social cessa de ser encarado isoladamente, para conceber-se como relativo a todos os outros, com os quais se combina sempre, em virtude de uma solidariedade fundamental [14].

A solidariedade deve também servir de base ao estudo do movimento social, pois supõe a tendência à conservação inerente a todo organismo. No curso dos acontecimentos humanos, nota-se que doutrinas filosóficas, costumes e instituições subsistem apesar das inatualidades e seus inconvenientes, ocasionando incoerências cada vez mais graves, até que o espírito humano possa produzir novos princípios de uma racionalidade equivalente ou superior. "Na ordem intelectual, da mesma forma que na ordem material, o homem experimenta, acima de tudo, a necessidade de uma direção suprema qualquer, capaz de sustentar sua atividade contínua, enfeixando seus esforços espontâneos" [15].

Não há equivalência entre a "noção científica de uma ordem espontânea" e a "apologia sistemática de toda a ordem existente". À medida que os fenômenos sociais se especializam e se complicam, as imperfeições se agravam e se multiplicam. Neste particular, eles são inferiores aos fenômenos físicos; mas o fato mesmo de serem os "mais desordenados de todos" permite modificação em maior escala, o que para Comte está longe de constituir uma compensação [16].

O *consensus*, "idéia-mãe da estática social", é a base racional da nova filosofia política, pois nele se funde a idéia de sociedade e a idéia de governo. A ordem política, "artificial e voluntária", deve amoldar-se à ordem natural e involuntária para a qual tendem necessariamente as diversas sociedades humanas. "Trata-se de contemplar essa ordem, a fim de aperfeiçoá-la convenientemente, mas não de criá-la, o que seria impossível" [17].

---

14. Idem, ibidem, pp. 235-242.
15. Idem, ibidem, pp. 241-242.
16. Idem, ibidem, pp. 247-248.
17. Idem, ibidem, pp. 251-252.

Uma das principais características do método sociológico deriva justamente dessa concepção de *consensus*. Com efeito, sendo os fenômenos sociais profundamente conexos, não podem ser separados racionalmente pelo estudo. Ao contrário, há uma obrigação de "considerar sempre simultaneamente os diversos aspectos sociais, seja em estática, seja em dinâmica"[18]. Neste ponto, há uma diferença fundamental entre a metodologia das ciências do orgânico e do inorgânico. No primeiro caso, trata-se de explorar um sistema em que os elementos são quase sempre melhor conhecidos do que o conjunto e, mesmo, algumas vezes, os únicos diretamente analisáveis, o que exige partir do menos complexo para atingir o mais complexo. Mas quando o homem ou a sociedade é o objeto da ciência, o processo contrário se torna, o mais das vezes, o único racional, em virtude do mesmo princípio lógico; neste caso, o conjunto é mais bem conhecido e mais diretamente abordável do que as partes, que deverão ser distinguidas ulteriormente. No estudo do mundo exterior, é o conjunto que apresenta maiores dificuldades de apreensão para a inteligência. Recorde-se que para Comte a noção de sistema solar é a mais complexa que a mente humana pode conceber, taxando-se as teorias sobre o universo de "devaneios estéreis"[19].

A estática está intimamente ligada à dinâmica, da mesma forma que a teoria da existência à do movimento, e as leis da ordem às do progresso. O progresso é a "idéia-mãe da sociologia dinâmica"; o "espírito geral deste estudo" consiste "em conceber cada estado social consecutivo como o resultado necessário do precedente e o motor indispensável do seguinte, segundo o luminoso axioma do grande Leibniz: "O presente está grávido do futuro"[20]. A dinâmica pesquisa as leis da sucessão, como a estática as da coexistência.

A solidariedade social se evidencia com maior força nos fenômenos do movimento. No entanto, para facilitar a observação, pode-se decompor o desenvolvimento humano em seus diversos aspectos: físico, moral, intelectual e político. A evolução intelectual é a mais irrecusável e a mais caracterizada, e a que menos obstáculos encontrou em seu caminho, servindo, pois, de guia fundamental à análise. A principal parte desta evolução, a que mais influi sobre o progresso geral, consiste no desenvolvimento contínuo do

18. Idem, ibidem, p. 254.
19. Idem, ibidem, p. 259.
20. Idem, ibidem, p. 263.

CAPÍTULO IV

espírito científico, a partir dos trabalhos primitivos de Tales e Pitágoras até os de Lagrange e Bichat. Mas os grandes progressos de uma época não são criados pelos homens de gênio, como se crê comumente, pois eles dependem dos ensinamentos das gerações anteriores para se formarem, devendo portanto ser considerados "os órgãos próprios de um movimento predeterminado"[21].

Tendo já sido afastada a idéia de uma perfectibilidade humana ilimitada, resta considerar o progresso como aperfeiçoamento gradual, de dois pontos de vista. Em primeiro lugar, ressalta o melhoramento que a evolução social imprime ao sistema exterior de nossas condições de existência, mediante uma ação cada vez mais eficaz exercida sobre o meio ambiente sob direção das ciências e das artes. Igual melhoramento se observa nos costumes, que se tornam mais polidos, e na organização social; em última análise, são as nossas próprias faculdades que também se aperfeiçoam. Toda esta evolução não deve ser entendida como referente a um povo em particular, mas à humanidade em seu conjunto[22].

Não cabe o aplauso ou a condenação quando se contempla o desenrolar da história. O estado social, em seus diversos aspectos, é tido por tão perfeito quanto o comportava a idade humana que lhe corresponde. Em nenhum caso se observam saltos, mas sempre uma evolução lenta. Mas se não se podem modificar as leis da sucessão, tão variáveis quanto as da harmonia, em que consistem as modificações susceptíveis de se exercer sobre o organismo humano e a sociedade?

Para Comte, tal pergunta revela ignorância da ação real do homem sobre o mundo exterior, a qual se supõe capaz de produzir alterações profundas. Em toda ordem de fenômenos só é possível modificar a intensidade e o modo secundário da execução "sem jamais afetar nem sua natureza própria, nem sua filiação principal". Da mesma forma, a sociologia dinâmica, revelando os processos da evolução humana, faculta apenas acelerá-los em certa medida, excluindo-se a possibilidade de inverte-lhes o sentido, ou eliminar etapas intermediárias entre um estado social e outro. Tem-se uma idéia da verdadeira natureza dessas variações, assimilando-se às variações análogas do organismo animal. Como as organizações biológicas tendem a se conservar, cada modo fundamental da existência social determina um sistema de costumes

---

21. Idem, ibidem, pp. 268-269.
22. Idem, ibidem, p. 275.

correlativos, cuja fisionomia comum ressalta dentre as diferenças características dos indivíduos, e que muito lentamente se altera[23].

Já que a evolução social está estreitamente ligada à biológica, não se dará a conhecer perfeitamente enquanto os estudos neste último campo não estiverem mais adiantados. Provisoriamente, estabelecem-se três fontes gerais de variação social: a raça; o clima; a ação política, compreendida em seu aspecto científico, sem que a ordem de apresentação corresponda à da importância, que só poderá ser conjetural. Mas os fatos políticos são os únicos passíveis de intervenção humana, e por esta razão se colocam em primeiro plano. Não se deve, no entanto, exagerar o alcance desta intervenção, pois que "as operações políticas só têm eficácia social quando são conformes às tendências gerais da humanidade". "Em política, como nas ciências, a oportunidade fundamental constitui sempre a principal condição de toda influência importante e duradoura"[24].

Do ponto de vista científico, os fatos políticos são apenas materiais de observação, a serem considerados "em sua harmonia com os fenômenos coexistentes, e em seu encadeamento com o estado anterior e o estado posterior do desenvolvimento humano". A física social se esforça para descobrir "as verdadeiras relações gerais que ligam entre si todos os fatos sociais; cada um deles parece-lhe *explicado*, na acepção verdadeiramente científica do termo, quando se evidencia sua conexão, ou com o conjunto da situação correspondente, ou com o conjunto do movimento precedente". O aforisma de Pascal citado anteriormente[25] é aqui parafraseado como se segue: "A nova ciência concebe a massa da espécie humana, atual, passada, ou mesmo futura, como constituindo, sob todos os aspectos, e progressivamente, quer na ordem espacial, quer na cronológica, uma imensa e eterna unidade social, cujos diversos órgãos, individuais ou nacionais, unidos sem cessar por uma íntima e universal solidariedade, concorrem inevitavelmente, em cada segundo um modo e um grau determinados, para a evolução fundamental da humanidade". Este parágrafo, exemplo representativo da retórica comtiana, chama a atenção, pois "deve tornar-se ulteriormente a principal base racional da moral positiva"[26].

23. Idem, ibidem, pp. 279-286.
24. Idem, ibidem, pp. 287-289.
25. Idem, ibidem, p. 172.
26. Idem, ibidem, pp. 293-294.

CAPÍTULO IV

Estas são as considerações sobre o espírito geral da nova filosofia política. Quanto aos métodos propriamente ditos, dividem-se em duas classes: a primeira compreende os modos de exploração peculiares à sociologia; a segunda, compõe-se das contribuições que as outras ciências podem dar para a que se situa como coroamento da série hierárquica.

Capítulo V

OS MÉTODOS EM SOCIOLOGIA. OBSERVAÇÃO, EXPERIMENTAÇÃO (INDIRETA) E MODALIDADES DA COMPARAÇÃO

A sociologia usa os três modos fundamentais de exploração científica que foram caracterizados com maior nitidez na biologia: a observação pura, a experimentação e o método comparativo. No que toca à observação, Comte, de início, toma posição contra atitudes que lhe parecem inspiradas pela metafísica, como a crítica dos testemunhos, e a noção de precisão derivada do cálculo de probabilidades, objeto constante de seus ataques. Também condena o puro empirismo, pois que "em qualquer ordem dos fenômenos, a observação só é possível quando primitivamente dirigida e finalmente interpretada por uma teoria qualquer". O que vale dizer que a ciência é a ligação entre os fatos observados por meio de uma hipótese diretora. Este princípio é de suprema importância na ciência social, na qual a complexidade dos fenômenos aumenta a dificuldade das observações. Ademais, os fatos sociais de maior significação são os mais vulgares; mergulhados neles quotidianamente, não os percebemos, por falta de disposições intelectuais e indicações especulativas que possibilitam sua exploração científica[1].

Importa, sobretudo, dar atenção ao conjunto, como previamente se esclareceu. "Nenhum fato social poderá ter significação verdadeiramente científica sem que seja imediatamente confrontado com qualquer outro fato social", o que é uma decorrência direta das noções de solidariedade de sucessão. Não se preconiza somente a inspeção imediata ou a descrição direta dos acontecimentos, mas a consideração dos costumes aparentemente mais insignificantes, a apreciação dos diversos tipos de monumentos, a análise e comparação das línguas, e várias outras vias de conhecimento. Um espírito racional pode, por meio de uma educação conveniente e do exercício, "converter instantaneamente em preciosas indicações sociológicas as impressões espon-

---

1. *Cours de Philosophie Positive*, vol. IV, pp. 300-302.

tâneas produzidas por quase todos os acontecimentos que a vida social lhe oferece", pois que estará apto a descobrir os pontos de contato entre eles e "as mais altas noções da ciência"[2].

O "segundo modo da arte observar", a experimentação, à primeira vista não parece ter aplicação em sociologia. Mas em biologia já se tinha verificado que os casos patológicos constituem um equivalente científico da experimentação pura. Existe, no organismo social, perturbações exatamente análogas às moléstias que afetam o organismo individual. Para estas ocorrências, a análise patológica funcionará como meio indireto de experimentação. A legitimidade da aplicação é garantida, em ambas as ordens de conhecimento científico, pelo princípio de Broussais, que encara o anormal como retardamento ou aceleração das funções normais[3].

O método comparativo, cuja fecundidade se demonstrou no emprego que tem em biologia, é também o que melhor convém aos fenômenos de complexidade superior. Deve-se, no entanto, distinguir entre modalidades da comparação. É necessário, em primeiro lugar, reconhecer a utilidade do confronto entre a sociedade humana e as sociedades animais, sobretudo as dos mamíferos superiores, ainda tão mal estudadas. Uma limitação se evidencia neste particular, referente à natureza estática dos agrupamentos animais. O estado social, mesmo nas espécies superiores, comporta variações imperceptíveis, de nenhum modo comparáveis ao contínuo progresso da humanidade. Mas no que tange às leis da harmonia, deve se reconhecer que o método é profícuo. Por exemplo, os laços fundamentais da família humana poderão ser encontrados com as mesmas características nos animais.[4]

Tem-se, portanto, um instrumento para pesquisar os primeiros germens das relações sociais, as primeiras instituições que fundaram a unidade da família ou da tribo, "o que constitui uma parte elementar da sociologia que se confunde quase com a biologia moral e intelectual, ou pelo menos com o que se pode chamar a história natural do homem, da qual é simples prolongamento". Todavia, deve estar presente no espírito que as sociedades animais têm por base "uma cooperação involuntária, que resulta de uma indissolúvel união orgânica". Ora, as considerações da dinâmica devem prevalecer em sociologia[4].

2. Idem, ibidem, pp. 305-306.
3. Idem, ibidem, pp. 307-311.
4. Idem, ibidem, pp. 312-315.

CAPÍTULO V

Por esta razão, a modalidade do método peculiar à sociologia é a comparação entre "os diversos estados coexistentes da sociedade humana em diferentes partes da superfície terrestre". Apesar de Comte supor o desenvolvimento da humanidade como um fenômeno total, dá-se conta de que, em virtude de um concurso de causas ainda mal analisado, as diferentes populações do globo não atingiram, todas, o mesmo estágio de evolução. De sorte que é possível encontrar nestas populações as diversas fases anteriores por que passaram as nações civilizadas. Em nota, propõe-se a extensão do método ao estudo das classes sociais. "A capital do mundo civilizado, em nossos dias, contém em seu seio representantes mais ou menos fiéis de quase todos os graus anteriores da evolução social, sobretudo do ponto de vista intelectual".

As vantagens de aplicação do processo são evidentes. Em primeiro lugar, permite a conjugação da estática e da dinâmica, verificando ao mesmo tempo as leis de existência e do movimento. Em segundo lugar, possibilita a reconstrução histórica, mesmo nos casos tão freqüentes, em que a ausência de quaisquer vestígios nos condena à ignorância em relação ao nosso passado. Mas, para a utilização racional do método é indispensável considerar a sucessão necessária dos diversos estados sociais. Caso contrário, cai-se no erro de apresentar as organizações sociais, cronologicamente coexistentes, como efetivamente contemporâneas; em conseqüência, não se põem em relevo as filiações de um estado à outro. Daí resultam que se tomam, muitas vezes, as simples modificações secundárias por fases principais do desenvolvimento social. Colocam-se, assim, em primeiro plano, as influências do clima e da raça, cuja importância, muito provavelmente, é mediata e reduzida. A causa primordial da variabilidade das populações humanas é a diferença de ritmo de desenvolvimento; atingiu-se este princípio por vias mais seguras, mediante a análise da própria natureza do homem que se comprova na pesquisa histórica [5].

A comparação entre os estados consecutivos da humanidade, que constitui o método histórico, mais do que um instrumento da análise, é para Comte o próprio fundamento da ciência. Com efeito, foi a influência das gerações umas sobre as outras, que a história verifica, que permitiu destacar o que há de especificamente humano nas sociedades e, por conseguinte, fundar a sociologia. Mas a nova ciência, por seu turno, deve atuar sobre os estudos históricos, impedindo-os de "degenerar numa simples compilação de

5. Idem, ibidem, pp. 316-321.

materiais provisórios", perigo decorrente do "espírito irracional de especialidade exclusiva, que assumiu, em nossos dias, uma deplorável preponderância passageira". O ponto de vista sociológico, desvendando as ligações entre os fatos, permite apreciar o significado dos conjuntos.

Em todo método científico, por mais fecundo que seja, há sempre a possibilidade implícita de erros. No que toca à história, as ocasiões favoráveis à elaboração de raciocínios falsos se encontram na verificação do decréscimo contínuo de uma tendência, que leva a supor sua extinção final. O caso inverso, igualmente inverídico, é a hipótese dos começos absolutos e da progressão ilimitada.

O fenômeno social "é apenas, no fundo, um simples desenvolvimento da humanidade, sem nenhuma criação real de faculdades quaisquer, como já ficou estabelecido, (portanto) todas as disposições efetivas que a observação sociológica puder descobrir deverão ser encontradas, ao menos em germen, no tipo primordial que a biologia construiu de antemão para a sociologia". Nenhuma lei de sucessão social poderá admitir-se se não estiver racionalmente relacionada, de maneira direta ou indireta, com a teoria positiva da natureza humana[6]. Faz-se mister, pois, elucidar de que modo a sociologia se prende à biologia e às outras ciências positivas. Como o tema já foi tratado, na consideração da educação preliminar do sociólogo, agora serão apenas frisadas as tomadas de posição básicas.

A dependência da sociologia em relação à biologia é evidenciada sob dois aspectos. Primeiramente, a biologia deve fornecer às especulações sociais um ponto de partida fundamental, firmado pela análise da sociabilidade humana e das condições orgânicas que a determinam. Em segundo lugar, o estudo do organismo humano revela a invariabilidade de sua constituição. Suas disposições características, físicas, morais e intelectuais deverão ser encontradas, sempre idênticas, em todos os graus de escala social, e sempre coordenadas do mesmo modo. O estado social pode apenas desenvolvê-las, sem criar ou destruir; não lhe é facultado nem ao menos alterar fundamentalmente a ordem primitiva de sua importância. Não se pode concluir que a física social é um simples apêndice da biologia; ao contrário, constitui uma ciência distinta e autônoma, com bases próprias, como já foi analisado[7]. Em todo caso, é inegável que o conhecimento do homem individual exerce dire-

---

6. Idem, ibidem, pp. 321-334.
7. Idem, ibidem, vol. V, pp. 343-349.

tamente uma influência secreta mas inevitável sobre todas as ciências, pois que o trabalho científico, como qualquer outro trabalho, é marcado pelas faculdades que o produzem[8].

Os laços que unem a sociologia à "filosofia inorgânica" põem em tela a correlação contínua entre duas noções indispensáveis: a humanidade, agente dos fenômenos; e o conjunto constante das influências exteriores, que constituem o meio científico propriamente dito.

---

8. Idem, ibidem, p. 372.

Capítulo VI

A ESTÁTICA SOCIAL. O PRINCÍPIO DA ORDEM. LEIS RELATIVAS AO INDIVÍDUO, À FAMÍLIA E À SOCIEDADE

A estática é a parte da sociologia que estuda as leis da harmonia, relativas à vida social do indivíduo e à família, bem como as que regem a sociedade, compreendendo a espécie humana como um todo, em especial os povos de raça branca.

As leis relativas ao indivíduo resultam de uma "extensão" da "luminosa teoria cerebral espontânea da espécie humana, em virtude de uma inclinação instintiva para a vida em comum, independentemente de qualquer cálculo pessoal. Outro ponto fundamental, estabelecido pela fisiologia cerebral, é a preponderância das faculdades afetivas sobre as intelectuais. Como estas são menos intensas do que as outras, o seu exercício freqüente produz, na maioria dos homens, um cansaço insuportável. No entanto, é graças a essas "altas faculdades" que se efetivaram as modificações graduais da existência humana no decurso da evolução social. De sorte que, "por uma deplorável coincidência, os homens têm maior necessidade do gênero de atividade para o qual têm menor aptidão". Quase todos, portanto, estão destinados primordialmente a exercerem atividades puramente materiais.

Os estudos de Gall evidenciaram que, nestes indivíduos, as tensões intelectuais, de curta duração, resultam dos estímulos grosseiros derivados das necessidades e instintos da vida animal, cujos órgãos se situam na parte posterior do cérebro. As inclinações mais elevadas, mais características da nossa espécie, localizadas na região frontal, agem continuamente em raros casos, quando se forma o hábito da meditação[1].

Deve-se encarar como desejável a diminuição da preponderância das faculdades afetivas, mas não a inversão de posições que daria proeminência aos impulsos intelectuais. Se, por uma hipótese fantástica, fosse possível eli-

---

1. A. Comte, *Cours de Philosophie Positive*, vol. IV, pp 384-390.

minar inteiramente o atrito entre as rodas dos veículos e o leito das estradas, não se conseguiria por esse meio a melhoria dos transportes, ao contrário, criar-se-iam problemas insolúveis. Os impulsos instintivos são acicates que impedem a inteligência de cair na letargia, à qual é propensa, e a norteiam para fins concretos, desviando-a das "estéreis especulações abstratas". Na fase teológica, os místicos que tentaram elevar-se à condição de puros espíritos, libertando-se das necessidades orgânicas e das paixões, somente conseguiram instalar-se num "idiotismo transcendente", totalmente desprovido de significado intelectual[2].

A segunda característica da natureza individual consiste na dominação que exercem os instintos egoístas sobre as tendências mais nobres, relativas à sociabilidade. Ao contrário do que afirmam os utilitaristas, o egoísmo não é a única base da nossa natureza moral; existem nela disposições que levam espontaneamente a compartilhar as alegrias e as dores expressadas por nossos semelhantes. Mas, segundo o prova a fisiologia frenológica, as afeições sociais são inferiores em duração e intensidade às afeições puramente pessoais. Tal deficiência, do mesmo modo que no caso anterior, não é de lamentar-se, pois as atividades dirigidas para fins pessoais ganham em firmeza e em energia. Devem-se refrear, na vida social, os interesses privados quando preponderam sobre os públicos. Mas a noção de interesse geral só pode resultar daquilo que existe de comum nos interesses particulares. A suposição de uma mudança radical neste ponto também leva a conclusões negativas. Se as afeições sociais reinassem de modo absoluto, sem o estímulo e guia dos motivos pessoais, promoveriam "uma vaga e estéril caridade" sem eficiência prática[3].

Os dois moderadores principais da vida humana são, pois, a atividade intelectual e o instinto social, cuja influência, no entanto, é menos decisiva que a do instinto pessoal, "motor primitivo da existência". Essa oposição se traduz, no plano social, pela luta entre o espírito de conservação e o de melhoramento; o primeiro inspirado sobretudo pelos instintos pessoais, e o segundo pela combinação da atividade intelectual com as tendências sociais[4].

Como um sistema qualquer deve ser formado de elementos essencialmente homogêneos, não se pode dizer que a sociedade humana seja composta de indivíduos. A família é a unidade social fundamental e constitui o

2. Idem, ibidem, p. 391.
3. Idem, ibidem, pp. 392-395.
4. Idem, ibidem, pp. 396-397.

CAPÍTULO VI

intermediário indispensável entre a idéia de indivíduo e a de espécie ou sociedade. Nela se contêm em germen todas as disposições que caracterizam o organismo social; é a base constante da vida coletiva. A teoria sociológica da família se reduz a dois princípios: a subordinação dos sexos e a das idades; um institui a família, o outro a mantém.

A "inevitável subordinação natural da mulher em relação ao homem" é uma lei eterna, inscrita na própria estrutura do organismo humano. A anatomia e a fisiologia, à luz da teoria de Gall, demonstraram, sobretudo na espécie humana, as diferenças radicais que existem entre os sexos. "A biologia positiva tende finalmente a representar o sexo feminino [como] num estado de infância contínua"[5].

Encarado do ponto de vista social, o organismo feminino sofre de uma inferioridade fundamental, em parte compensada por uma superioridade secundária. A mulher, como o homem comum, mas muito mais acentuadamente, não é capaz de trabalho mental contínuo, seja por defeito intrínseco da inteligência, seja por suscetibilidades morais e físicas incompatíveis com a abstração e a moderação científicas. Como as funções do governo, mesmo as mais elementares, exigem que se atente para um conjunto mais complexo de relações, e que as decisões sejam tomadas à luz da razão e não dos sentimentos, estão vedadas às mulheres.

O sexo feminino, no entanto, revela-se superior ao masculino no que diz respeito à "simpatia" e à sociabilidade. Assim sendo, sua função na família e na sociedade é temperar os excessos da razão "demasiado fria e demasiado grosseira do sexo dominante"[6].

O princípio mantenedor da família, a subordinação das idades, não necessita de defesa especial, porque nunca foi seriamente ameaçado, mesmo nas épocas de maior anarquia. A indisciplina geral que sucedeu à derrocada das crenças teológicas não fez senão comprometê-lo na prática, sem que houvesse doutrina nenhuma votada a invalidá-lo. A lei da subordinação das idades, "depois de ter constituído a família humana, se torna o tipo necessário de toda coordenação social". Nela vemos, da parte do inferior, "a mais respeitosa obediência", imposta pela necessidade, em primeiro lugar, e depois pelo reconhecimento; da parte do superior, "a mais absoluta autoridade, unida ao mais inteiro devotamento". As relações de governo na sociedade

---

5. Idem, ibidem, p. 405.
6. Idem, ibidem, p 408.

devem pautar-se, quanto for possível, por esse modelo, embora não se possa esperar que jamais o realize inteiramente.

Outra importante característica da subordinação doméstica, de grandes conseqüências para a sociologia, é a de estabelecer a primeira noção de perpetuidade social, ligando o futuro ao passado. O acatamento devido aos pais, estendendo-se aos antepassados, transforma-se finalmente no respeito universal em relação aos nossos predecessores, base indispensável do equilíbrio social[7].

É ainda à luz da biologia que devem compreender as leis da coexistência relativas à sociedade em geral. Ao estudar os organismos animais, nota-se que à medida em que se ascende na hierarquia biológica, aumenta a especialização das funções, e os órgãos se tornam cada vez mais distintos e, ao mesmo tempo, mais solidários, de modo a combinar a unidade dos fins com a diversidade dos meios. É exatamente o que se passa também no organismo social, em grau, porém, mais acentuado. Esta "invariável conciliação da separação dos trabalhos com a cooperação de esforços" constitui a "característica fundamental das operações humanas quando se as considera do ponto de vista da sociedade". Entre os selvagens já se encontra um esboço rudimentar de coordenação mais ou menos voluntária, aliada a certa especialização individual das funções comuns, mas que não ultrapassa o âmbito da família. O processo não pode ter grande desenvolvimento neste caso, em razão de pequeno número de indivíduos que nele participam, porque produziria uma divisão capaz de alterar a unidade do meio familiar. Para Comte, a família é uma união, mas não uma associação; as relações domésticas diferem por sua natureza daquelas que constituem a sociedade geral, cujo princípio elementar é a separação dos trabalhos. Aliás, como a educação doméstica é baseada na imitação, de sorte que os filhos perpetuam as atividades ensinadas pelos pais, não se abrem muitas possibilidades de diversificação . Os "instintos simpáticos" estão na raiz do princípio de cooperação, que, no entanto, adquire maior sentido no quadro social mais amplo[8].

A cooperação na sociedade deve ser concebida em toda a sua extensão racional, e aplicada a todas as operações, em lugar de restringir-se aos simples aspectos materiais. Participam dela os indivíduos, as classes, e mesmo, em certos aspectos, os diferentes povos, todos empenhados numa imensa

---

7. Idem, ibidem, pp. 409-413.
8. Idem, ibidem, pp. 414-422.

CAPÍTULO VI

obra comum, que liga não só os homens presentes entre si, como estes às gerações passadas e futuras. A repartição dos trabalhos constitui a principal base da solidariedade social; é por meio dela que o estado social pode adquirir consistência e estabilidade capazes de sobrepujar as divergências pessoais. A cooperação torna-se assim habitual, reforçando, mediante reações intelectuais, o instinto social. Por conseguinte, "a organização social tende cada vez mais a repousar sobre uma exata apreciação das diversidades individuais, repartindo os trabalhos humanos de maneira a aplicar cada qual à ocupação que melhor pode desempenhar, não somente segundo sua natureza própria, que o mais das vezes não se pronuncia em nenhum sentido, mas também segundo sua educação efetiva, sua posição atual, em suma, segundo o conjunto de suas características principais". Pelo menos, esse é o tipo ideal, que a ordem existente deve forçar-se por atingir, sem jamais consegui-lo plenamente [9].

Por outro lado, a especialização comporta o risco de limitar a inteligência às idéias habituais e relações quotidianas de caráter restrito. Como conseqüência, o interesse particular se isola paulatinamente do interesse comum, que passa a ser vago e indireto; enquanto que as afeições sociais, concentrando-se nos indivíduos da mesma profissão, tornam-os estranhos a todas as outras classes, rompendo a participação nos mesmos costumes e pensamentos. Pode-se temer então que a sociedade se decomponha num grande número de "corporações incoerentes", o que efetivamente tende a suceder na maioria dos povos civilizados.

A finalidade social do governo consiste em coibir e prevenir, tanto quanto possível, esta fatal tendência à dispersão das idéias, dos sentimentos, dos interesses e das atividades, que deixada às soltas acabaria por impedir todo progresso humano. A teoria do governo se funda na reação necessária que o todo deve exercer sobre as partes. Sua ação é intervir no desempenho de todas as funções da economia social para manter a concepção do conjunto e o sentimento da solidariedade comum. Essa "função reguladora" tende a acentuar-se cada vez mais no decurso da evolução social, pois seu princípio essencial é inseparável do próprio desenvolvimento [10].

Mesmo na ausência de uma orientação estatal definida, as diversas operações particulares se colocam espontaneamente sob a direção daquelas que

---

9. Idem, ibidem, pp. 424-427.
10. Idem, ibidem, pp. 427-434.

detém um grau maior de generalidade. Assim se forma uma hierarquia cada vez mais extensa, em que a subordinação social prepara a subordinação política, cujo termo superior é o governo. "As diversas funções particulares da economia social, tendo estabelecido entre si relação de generalidade crescente, devem tender gradualmente 'a submeter-se à direção universal que emana da função mais geral do sistema inteiro'", em virtude da ação constante que o conjunto deve exercer sobre as partes. Essa ação é tanto mais necessária quanto mais a divisão do trabalho favorece o desenvolvimento das desigualdades morais e intelectuais. Nas condições de vida primitivas, o homem estava reduzido a uma existência essencialmente doméstica, resumindo-se em suas atividades de prover às necessidades da família. Embora as diferenças individuais se façam sentir em qualquer estado social, é somente a partir de um certo grau de divisão do trabalho, e dos lazeres resultantes, que elas se acentuam, permitindo o florescer das demais qualidades intelectuais [11].

O poder político tem, como principal função, enfeixar os esforços humanos, impedindo sua dispersão. Mas a cooperação se organiza melhor quando se tratam de forças físicas ou econômicas. Nos empreendimentos de mais alto significado intelectual, como sejam as grandes concepções científicas ou poéticas, "não há reunião de espíritos comuns, por mais vasta que se a suponha, capaz de lutar com um Descartes ou um Corneille". Da mesma forma, as qualidades morais de um indivíduo excepcional não são igualadas pela soma das virtudes medíocres de uma massa de homens ordinários. Há, portanto, uma superioridade intrínseca nas forças intelectuais e morais, que se manifesta com toda clareza quando "uma conveniente repartição dos trabalhos humanos" possibilita que assumam a posição que lhe és devida. O declínio do poder baseado na força e o prestígio crescente da inteligência no mundo social são indícios seguros de que a humanidade se aproxima paulatinamente do estado positivo.

Os indivíduos que encarnam as forças morais e intelectuais, os *órgãos* por excelência do movimento social, se distinguem por suas aptidões. A análise frenológica revela que há mesmo inclinações inatas que levam ao comando, enquanto outras predispõem à obediência. Os membros da sociedade que se distinguem pelas tendências ao mando estão naturalmente destinados ao governo. Nos outros, existe um instinto de submissão, fortalecido pelo reconhecimento da superioridade moral e intelectual. Qualquer forma de

11. Idem, ibidem, pp. 435-436.

talento ou qualidade intelectual faz de seu portador um participante, em certa medida, da direção da sociedade, mesmo quando não tenha funções governamentais. A elaboração de idéias vincula quem as produz ao poder espiritual propriamente dito, cuja expressão mais alta é o ensino, que estabelece a continuidade social, ligando o passado e o presente ao futuro. Em suma, "a espontaneidade fundamental das diversas disposições intelectuais se mostra essencialmente em harmonia com o curso necessário dos conjuntos das relações sociais, para estabelecer a subordinação política"[12].

---

12. Idem, ibidem, pp. 437-439.

Capítulo VII

A DINÂMICA SOCIAL. O PRINCÍPIO DO PROGRESSO.
A DIFICULDADE EM APREENDER AS CAUSAS UNIVERSAIS.
AS "CONDIÇÕES GERAIS NECESSÁRIAS". O PRIMADO DA EVOLUÇÃO
INTELECTUAL. A LEI DOS TRÊS ESTADOS

O conceito fundamental da dinâmica, o progresso, é encarado por Auguste Comte como solidário de todo o desenvolvimento do cosmos. O social se apresenta com o termo último da evolução, em que se passa do inorgânico ao orgânico, do vegetal ao animal, dos organismos mais simples aos pássaros e mamíferos, dos carnívoros aos símios, "para atingir a perfeição da natureza humana". Apesar de nossa natureza ser invariável quanto às disposições fundamentais, as mais elevadas dentre elas se aperfeiçoam continuamente. O sentido geral do processo é, pois, realçar as faculdades características da humanidade, por oposição à animalidade. O progresso não deve ser entendido somente como melhoria das condições materiais do homem, pela extensão contínua de sua ação sobre o mundo exterior, mas, sobretudo, como preponderância da razão na conduta, pela diminuição do domínio dos apetites físicos, pelo estímulo dos instintos sociais, pela excitação das funções intelectuais[1].

A biografia de cada indivíduo reproduz, no seu conjunto e de forma atenuada, as principais fases do desenvolvimento social.

Há uma finalidade idêntica em ambos os casos, que é confinar a satisfação dos "instintos pessoais" aos limites da normalidade, promover, pelo exercício contínuo, as inclinações sociais a hábitos, e, por conseguinte, a identificação cada vez mais intensa do indivíduo com a espécie. Por um lado, a evolução do homem em sociedade deve ser julgada plenamente natural; mas, por outro, eminentemente artificial, enquanto que ação educativa, ou seja, aprimoramento a partir de dados biológicos[2].

A primeira dificuldade que se apresenta no estudo da dinâmica social diz respeito às causas universais, atinentes ao organismo humano e ao meio em

---

1. *Cours de philosophie positive*, vol. IV, pp. 442-445.
2. Idem, ibidem, pp. 446-447.

que se desenvolve. "A invariabilidade dessas diversas condições fundamentais, a impossibilidade de diminuir ou suspender a influência delas, não permite medir-lhes exatamente a importância respectiva". A análise sociológica só pode exercer-se sobre as condições necessárias, cujas variações as tornam passíveis de estudo.

Dentre estas, cumpre assinalar, em primeiro lugar, a influência do fastio (*ennui*), que Georges Leroy já descobrira nos animais superiores. Como o homem tenta realizar uma natureza superior à dos animais, está mais do que estes sujeitos a cair "nesse estado de dolorosa languidez, que indica ao mesmo tempo a existência real de faculdades e sua atividade insuficiente". Constitui-se assim, desde a infância da humanidade, um poderoso incentivo ao progresso, que produz agitação de espírito e inspira a busca ávida de novas fontes de emoções, levando ao desenvolvimento das atividades.

A duração ordinária da vida humana é um fator que incide, talvez, mais profundamente sobre a aceleração do progresso de qualquer outro elemento apreciável. O aprimoramento da espécie humana repousa essencialmente na morte. "Os passos sucessivos da humanidade supõem necessariamente o renovamento contínuo e suficientemente rápido dos agentes do movimento geral". As modificações que "habitualmente são quase imperceptíveis no decurso da vida individual, se tornam pronunciadas quando se passa de uma geração a outra". Qualquer alteração do tempo médio da vida humana modificaria as condições que presidem à luta permanente entre o instinto de conservação social, característica da velhice, e o instinto de inovação, atributo ordinário da juventude. Se o homem duplicasse o número de anos de sua existência, o ritmo das mudanças sociais se tornaria muito mais lento. Nas condições atuais, porém, a brevidade da carreira humana, que se limita a trinta anos, excluídos os "preparativos para a vida e para a morte", é também causa do retardamento, pela dificuldade em conceber e executar, em lapso tão exíguo, um programa de trabalhos. Naturalmente, há sempre a herança cultural que uma geração nova encontra à sua disposição, mas que deve ser assimilada pelo esforço de cada um. A continuidade direta das atividades sucessivas só pode se estabelecer entre os indivíduos em relação a operações simples e quase inteiramente materiais. "As forças morais e intelectuais não são susceptíveis de parcelamento ou adição, nem entre contemporâneos (como se demonstrou anteriormente), nem entre sucessores"[3].

3. Idem, ibidem, pp. 448-454.

A terceira causa geral, que mais contribui para a aceleração do progresso social, é o crescimento da população humana, por várias razões. Primeiro que tudo, como principal determinante no processo de divisão e especialização dos trabalhos, incompatível com um pequeno número de colaboradores. Além disso, criando condições de vida mais difíceis, obriga os indivíduos a maiores esforços para satisfazer suas necessidades. Finalmente, obriga a sociedade a uma intervenção mais enérgica e mais articulada para lutar contra as divergências particulares. Como se vê, não se trata do aumento do número absoluto de indivíduos, mas de seus contatos mais intensos num espaço dado.

Essa aglomeração não cria apenas dificuldades novas, mas também novas necessidades e novos meios, que são instrumentos tanto de progresso como de ordem, pela neutralização das desigualdades físicas e preponderância crescente das forças morais e intelectuais.

O crescimento da população age sobre o desenvolvimento social de modo análogo ao fator duração da vida. No caso presente, a multiplicação de contatos entre indivíduos se dá pela aproximação no espaço, e não pela renovação rápida ocasionada pela morte precoce.

O desenvolvimento demográfico excessivo pode opor barreiras ao progresso, em lugar de estimulá-lo; é a posição de Malthus que Comte combate. Até o momento, o crescimento da população do planeta se conservou aquém dos recursos naturais. Talvez as gerações futuras se defrontem com o problema; mas é de se presumir que um conhecimento melhor da natureza humana e da evolução social, bem como o domínio do mundo físico, estarão de tal modo adiantados que "hoje não podemos ter deles nenhuma idéia nítida"[4].

Tendo sido definidas as principais causas do progresso, resta considerar a importância relativa dos fatores. Deve-se colocar "em primeira linha a evolução intelectual, como princípio necessariamente preponderante no conjunto da evolução da humanidade". Se o papel da inteligência foi considerado tão relevante na estática, destaca-se ainda mais no estudo da dinâmica; sua influência sobre a conduta geral do homem e da sociedade resulta na continuidade e regularidade, que distinguem a evolução humana da que se observa nos outros animais, pela formação de hábitos mentais. A partir dos hábitos, elaboram-se opiniões, que são os esteios a sustentar o edifício da ordem social.

4. Idem, ibidem, pp. 454-458.

Compete à dinâmica social estudar as variações nos sistemas de opiniões, os quais se consolidam nas diversas filosofias. Portanto, este ramo da sociologia se identifica, em grande parte, com uma história geral do espírito humano, ou da filosofia. O inconveniente científico dessa escolha de um fator privilegiado está em que predispõe a negligenciar a solidariedade fundamental, entre todos os aspectos constitutivos do desenvolvimento humano. Mas qualquer outro fator escolhido acarretaria o mesmo resultado, e Comte julga tal escolha imprescindível. Assim sendo, é preferível pôr em relevo o processo realmente mais importante, desde que seja sempre lembrada a "conexão universal" entre os diversos setores da evolução social. Aliás, a análise histórica indica que as leis gerais da dinâmica, "deduzidas da observação isolada do desenvolvimento intelectual da humanidade", estão em harmonia com as que se descobriram no estudo do desenvolvimento material[5].

A sucessão dos sistemas de idéias reintroduz a lei dos três estados, voltando aos fundamentos da teoria de Comte. O próprio autor data essa "feliz descoberta" de 1822, mas como demonstra Arbousse-Bastide, a idéia estava em elaboração a partir de 1817, o que não se reconhece, talvez, para reduzir ao mínimo a influência do "malabarista depravado", Saint Simon. O "opúsculo fundamental", que foi a ocasião da ruptura de relações entre Auguste Comte e Saint Simon, não apresenta inovações radicais, antes sistematiza concepções anteriores. O que não quer dizer, no entanto, que, mesmo quando ainda discípulo de Saint Simon, Comte não tenha evidenciado a originalidade de seu espírito precoce[6].

O escrito que se chamou primeiramente *Prospectus des travaux scientifiques nécessaires pour réorganiser la société*, e cuja vida editorial foi tão cheia de vicissitudes, contém em gérmen todo o positivismo científico.

O texto que hoje se lê como apêndice do volume IV do *Système de Politique Positive*, de 1854, permite verificar a fidelidade de Comte aos seus primeiros princípios. É natural que haja regularidade no desenvolvimento de uma doutrina que se baseia em dogmas. O volume IV do *Cours de Philosophie Positive*, cerne de todo o sistema, intitula-se "Parte Dogmática da Filosofia Social". Reafirma-se aqui o que já se consignava nas páginas de 1822, "a possibilidade característica (da sociologia) de conceber *a priori* todas as rela-

---

5. Idem, ibidem, pp. 459-462.
6. P. Arbousse-Bastide, *La doctrine de l'education universelle dans la philosophie d'Auguste Comte*, vol. I, pp. 20-28.

ções fundamentais dos fenômenos, independentemente de sua exploração direta, segundo as bases indispensáveis fornecidas de antemão pela teoria biológica do homem". A "história geral do espírito humano" segue o modelo da "marcha efetiva do nosso desenvolvimento individual"[7]. Mas, como já foi exposto, os estudos verdadeiramente científicos sobre o indivíduo estão ainda por fazer. Como se chega, então, a uma teoria da natureza humana? Pelo conhecimento de si mesmo. Sem dúvida, há objeções explícitas contra o uso desse método; mas, a esta altura, Comte as converte em "observações gerais", a que "não se deve dar sentido demasiado absoluto". Ao contrário, é de supor-se que o espírito humano se tenha afinado muito para atingir uma fase em que "possa se espantar de seus próprios atos, refletindo sobre si mesmo uma atividade especulativa que, a princípio, unicamente o mundo exterior deveria provocar". Há, confessadamente, uma inversão da posição até agora adotada. O homem, a princípio, só conhece a si próprio, e sua filosofia primitiva consiste em transpor "esta unidade espontânea a todos os outros objetos". Numa fase mais avançada, o estudo do mundo exterior inspira a exploração de sua própria natureza, o que constitui um indício claro de maturidade[8].

É inevitável que, em seus primórdios, a sociologia imite a escola teológica, pois não existem ainda "concepções racionalmente fundadas sobre um sistema de observações" que se possa verificar. Uma coleção "maquinalmente empírica" de dados não pode ser considerada como científica; faz-se necessário o amarrilho de uma doutrina qualquer, por hipotética que seja, para enfeixá-los num todo significativo. Por isso, todos os ramos do saber humano têm que passar por essa fase. O que importa salientar é que foi neste período que se formou, no seio de todas as sociedades civilizadas, uma "classe especulativa", tendo a seu cargo as atividades puramente intelectuais. Os corpos sacerdotais primitivos, uma vez constituídos, exerceram papel de maior relevância na história, como órgão de elaboração e discussão das primeiras teorias, que se difundiram pelo organismo social ainda pouco coeso dos primeiros tempos. Dessa maneira se formaram os sistemas comuns de opiniões, que robusteceram sobremaneira os laços sociais. A "comunhão intelectual" resultante foi um magno serviço prestado à humanidade pelas castas sacerdotais. Mas a maior riqueza que elas nos legaram foi a distinção entre

---

7. A. Comte, *Cours de philosophie positive*, vol. IV, pp. 464-466.
8. Idem, ibidem, pp. 467-469.

teoria e prática, princípio fundamental da organização e do progresso intelectual do trabalho humano[9].

Os efeitos benéficos da filosofia teológica não se eternizaram. Tendo, no início, favorecido o desenvolvimento da teoria, acabou por exercer compressão sobre a inteligência humana. Do ponto de vista moral, de estimulante de energias que era, passou a dominar o espírito por meio de um terror opressivo, que tinha como conseqüência uma apatia lânguida. Tornando-se força oposta ao progresso, será fatalmente eliminada do curso da história, inicialmente pela ação da metafísica revolucionária e, mais tarde, pela filosofia positiva, que se encarregará de liquidar seus últimos vestígios. As leis fundamentais da natureza humana, tanto as relativas ao organismo individual como as aplicáveis ao social, asseguram que a inteligência ampliará sua eficácia tanto na teoria como na prática. O que vale dizer que o positivismo triunfará.

Na realidade, nem mesmo na primeira infância, individual ou social, a filosofia teológica conseguiu se impor de um modo tal. Em todas as ordens de fenômenos, havia sempre alguns que se supunham obedecer a regularidades, ainda que mal formuladas, e não ao arbítrio de agentes sobrenaturais. Na vida quotidiana, é imprescindível que haja certa margem de previsão, segundo a qual se pauta a conduta humana, permitindo a sobrevivência do homem. Se assim não fosse, os ritos mágicos e religiosos se considerariam os únicos instrumentos de obtenção dos meios de vida, o que não é verdade para nenhum povo, em nenhuma época. Nas primeiras explicações de ordem geral e não-prática, há também esboços das leis que regem os fenômenos individuais e sociais, transportados para o mundo exterior pela imaginação desprovida de crítica[10].

Os rudimentos do espírito positivo existem, pois, desde a aurora dos tempos, embora dominados pelas concepções teológicas. Noção importante, que funda um princípio geral: "a vida humana nunca apresenta uma verdadeira criação, mas sempre uma simples evolução gradual". O positivismo é concebido como a lenta consolidação da razão humana, que vai expulsando as especulações teológico-metafísicas de todos os campos do saber, "atingindo a universalidade final, tanto lógica como política, estendendo-se a todas as idéias, como a todos os indivíduos"[11]. As pesquisas científicas que iam pouco

---

9. Idem, ibidem, pp. 480-485.
10. Idem, ibidem, pp. 486-490.
11. Idem, ibidem, pp. 491-492.

CAPÍTULO VII

a pouco desvendando as leis naturais, não pareciam, na maioria dos casos, contradizer os princípios teológicos, que, por sua excessiva generalidade e caráter imaginoso, não eram susceptíveis de confronto a elas. Mas mesmo as ciências mais especializadas, como a física e a biologia, foram adquirindo cada vez mais amplitude de significação, desacreditando involuntariamente as concepções teológicas. O positivismo finalmente proclama que as questões que não podem ser trabalhadas pela ciência são insolúveis e inacessíveis à razão humana. A superioridade das explicações, que permitem prever os fenômenos para modificar o seu curso, atendendo assim a interesses humanos, torna-se nítida aos olhos de todos. Não há dúvida, portanto, que a meta final da nossa evolução é "a inevitável sistematização total do espírito positivo"[12].

O estado metafísico é uma simples transição, em que o papel da divindade é substituído pela entidade. O significado que tem na história é o de dissolver a velha ordem que se tornará empedrada, manietando a mente em lugar de sustentá-la. Mas essa função puramente crítica impede exatamente que a metafísica possa inspirar uma verdadeira organização. Apesar de transitória, esta fase é essencial, como etapa necessária nas vias que levam ao estado normal.

O desenvolvimento material da sociedade, que é o outro aspecto do progresso, está subordinado ao desenvolvimento intelectual. Na sua acepção política, correspondem aos termos espiritual e temporal usados pelos católicos; é necessário distingui-los, salientando, porém, as conexões íntimas entre ambos.

Ao estado teológico corresponde, na prática social, o espírito militar. O homem primitivo é levado "por uma tendência irresistível" à guerra. Sua "antipatia fundamental por toda espécie de trabalho regular" não lhe permite exercer outra atividade contínua que não seja a guerreira. É por isso que as lutas constantes das primeiras idades tiveram, em certa medida, efeitos construtivos. Da mesma forma como o espírito religioso preparou o advento do espírito científico, o regime militar lançou as bases sobre as quais se edificou a sociedade industrial. Esse processo histórico comporta dois mecanismos em jogo. Em primeiro lugar, o fortalecimento dos laços sociais que unem o grupo em sua oposição ao outro grupo; há mesmo uma aglomeração espacial

---

12. Idem, ibidem, pp. 493-497.

mais pronunciada e contatos mais intensos, o que, como já se demonstrou, favorece eminentemente a divisão do trabalho humano. Em segundo lugar, a disciplina militar cria hábitos de obediência, regularidade e continuidade nas ações individuais. Não é necessário demonstrar que a indústria moderna se fez na medida em que se desenvolveram, nos homens, cujo trabalho utilizava, as qualidades impostas pela vida militar. Colheram-se, portanto, os frutos de uma longa evolução, pois os governos das eras mais primitivas nasceram da união de esforços e subordinação a um chefe comum, sem as quais não seria possível levar a cabo uma expedição guerreira, ou simplesmente defender-se de ataques inimigos[13].

A consolidação interna de uma sociedade militar tem como conseqüência imediata a sua expansão, pela conquista e anexação de grupos menos numerosos ou menos evoluídos. "Onde quer que se encontre o regímen militar deve ter tido sempre por base política a escravidão individual dos produtores, a fim de permitir aos guerreiros o pleno desenvolvimento das atividades que lhes são próprias". A escravidão foi, portanto, uma "indispensável preparação gradual para a plenitude ulterior da vida industrial". Mas na Antigüidade a sujeição do escravo ao senhor supunha também uma radical diferença de atividades, que tendia a promover o seu concurso espontâneo para o mesmo progresso social. Na época contemporânea surgiu "uma monstruosidade política", a escravidão nas colônias, assim como a escravização do operário ao patrão no seio da indústria, "profundamente degradante para ambos". Estas modalidades da instituição só podem provocar "um justo horror", e estão destinadas a desaparecer.

As condições de trabalho na época em que Comte escrevia pareciam-lhe apresentar o mesmo caráter de transitoriedade do estado metafísico na evolução intelectual. Nesse período intermediário, a humanidade procurava desvencilhar-se das instituições obsoletas do regímen militar, incentivando cada vez mais o desenvolvimento da indústria. Tal desenvolvimento está ligado intimamente à predominância crescente do estado positivo, e acompanha-se do declínio gradual do sistema militar. Enquanto a atividade industrial se distingue pela propriedade de poder ser estimulada em todos os indivíduos e todos os povos, "sem que a expansão de uns seja inconciliável com a dos outros", a organização militar só existe pela "inevitável compressão" de uma grande parte da sociedade. Portanto, esse regímen já foi condenado pela

---

13. Idem, ibidem, pp. 498-501.

CAPÍTULO VII

história, e o seu fim está à vista. Ao contrário, o período industrial que se inicia não comporta limites senão aqueles, ainda indeterminados, cujas as leis naturais, que regem a existência da nossa espécie, fixarem. O que não padece dúvida é a "subordinação involuntária, cada vez mais pronunciada, do espírito guerreiro ao instinto produtor"[14].

Nota-se no decurso da história que o espírito militar e o espírito teológico entraram continuamente em choque, de modo que a rivalidade entre ambos perturbou várias vezes a harmonia geral. Tal não acontece no tocante às relações entre a indústria e a ciência na época presente (1842), que, pelo contrário, tem dado relevo às afinidades marcadas que as unem. Pode-se conceber que as vantagens advindas da colaboração mútua se prolonguem por largos anos. Por outro lado, há o risco de que se prenunciem os conflitos entre ambas, motivados pela inevitável divergência que opõe a vida especulativa à vida ativa, e que se acentuarão à medida que cientistas e industriais forem levados a exercer papel predominante na esfera política.

Tanto no caso da sociedade militar quanto no da sociedade industrial, o problema básico é, pois, a conciliação do poder temporal e do poder espiritual. No sistema político antigo, salvo nas crises excepcionais, a autoridade teológica e autoridade militar, em virtude de suas afinidades profundas, combinavam-se para manter o equilíbrio. Outros fatores, como as repugnâncias e simpatias comuns, os interesses gerais semelhantes, favoreciam essa combinação. A "reorganização final das sociedades modernas" também se fará pela ação concertada da autoridade espiritual da ciência e da autoridade material da indústria[15].

Em suma, a sucessão dos três estados é um processo fatal e irreversível. O estado metafísico, instável por natureza, não propõe problemas de continuidade. O estado teológico perdurou através dos tempos graças às afinidades e simpatias que cimentavam seus elementos. Esta solidariedade interna se traduz externamente pela oposição ao espírito positivo: não é menor a antipatia entre ciência e religião, do que entre a disciplina militar rígida e a ordenação livre de esforços promovida pelos hábitos na sociedade industrial. O ímpeto revolucionário do período metafísico, abalando profundamente as bases do sistema teológico, iniciou a desagregação de seus elementos, cujos últimos detritos serão varridos pela instauração do estado normal.

14. Idem, ibidem, pp. 507-511.
15. Idem, ibidem, pp. 511-517.

Capítulo VIII

CRÍTICAS À LEI DOS TRÊS ESTADOS E À FILOSOFIA DAS CIÊNCIAS DE COMTE

A posição científica de Auguste Comte está firmada nos volumes do *Cours de Philosophie Positive* aqui examinados. A filosofia da história que se expõe nos tomos V e VI é a aplicação do desenrolar-se dos acontecimentos humanos dos princípios estabelecidos na lição II. Trata-se, no entanto, antes de uma comprovação ou ilustração do que uma descoberta de verdades novas, ou mesmo ampliação de sentido das teses já sustentadas. Na realidade, a evolução da espécie humana, afirmada reiteradas vezes na obra, é compreendida por ele a partir do desenvolvimento do indivíduo. Apesar da importância emprestada verbalmente à dinâmica, implicitamente o sistema todo é dominado pela estática, especialmente pelas leis fornecidas pela "fisiologia frenológica". Não é, pois, necessário aos propósitos deste trabalho entrar na análise das obras posteriores ao *Cours de Philosophie Positive*. Aliás, a preocupação sistemática e o ardor da catequese levam Comte a martelar nos mesmos pontos com insistência; mesmo no resumo abreviado que aqui se apresenta não foi possível evitar certas repetições. Portanto, não será mutilar o seu pensamento ao restringir nosso estudo à crítica das proposições contidas nas obras que estão nos primeiros escritos, a partir de 1819, até a "parte dogmática da filosofia social".

O núcleo central do sistema positivista, a lei dos três estados, foi revalidado para o seu autor, por ocasião de uma experiência pessoal, a moléstia cerebral de 1826. Comte atribui à "medicação puramente empírica"[1] a qual se submeteu, o prolongamento da perturbação por oito meses, durante os quais percorreu "todas as fases essenciais da evolução humana, primeiro em sentido inverso, depois direto". No trimestre em que a enfermidade se agravou, desceu gradualmente "do positivismo ao fetichismo, detendo-se em primeiro lugar no monoteísmo, depois mais demoradamente, no politeísmo". Nos cinco meses seguintes, em que sua natureza, apesar dos remédios, o trouxe de volta ao estado normal, remontou lentamente do fetichismo ao politeísmo, e deste ao monoteísmo, retornando à positividade anterior. Essa experiência foi-lhe proveitosa, pois lhe permitiu identificar-se melhor com as diferentes fases históricas. É curioso notar o remate dado à confissão. "A perfeita continuidade entre os trabalhos que a precederam e aqueles que se seguiram a ela demonstra claramente que esta grave perturbação constitui, na minha evolução total, uma simples oscilação"[1].

Mas antes do "terrível episódio" Comte já identificara sua evolução pessoal com a da humanidade. Os biógrafos, em especial Henri Gouhier, apontam o paralelo entre a formação intelectual do biografado e a sucessão dos três estados. Com efeito, Auguste Comte nasceu, em Montpellier, em uma família rigorosamente católica, cujo seio, como no liceu de Montpellier de que se tornou interno aos nove anos, sofreu as influências do sistema teológico. A passagem pela Escola Politécnica marcou sua adesão fugaz à "metafísica revolucionária" que imperava nos meios estudantis da época. Finalmente, a elaboração do positivismo foi a tarefa que o fez aceder à maturidade do espírito[2].

Tem razão, pois, Arbousse-Bastide quando afirma que, no sistema de Comte, "não é o espírito individual que segue as leis do espírito coletivo, é o espírito coletivo que só pode desenvolver-se por analogia com o indivíduo". É uma interpretação "não da história do espírito, mas do espírito na história"[3]. No próprio *Cours de Philosophie Positive* a argúcia do professor Arbousse-Bastide fá-lo encontrar os germens das atitudes religiosas posteriores. O curso, tanto na sua forma oral quanto escrita, se destinava às "altas inteligências desejosas de consagrar-se à reorganização social". São seus pressupostos implícitos os seguintes: "1. A iniciação educativa em certa medida acidental do mestre, graça providencial consentida pela natureza; 2. a educação que devem seguir "os melhores espíritos" dispostos a trilhar a mesma senda: a imitação do mestre; 3. a educação de conjunto – a dos outros – exigida pela reorganização social e pela apropriação coletiva das fórmulas de salvação"[4]. Como já se consignou, na elaboração desse esquema educativo, há o pressu-

---

1. A. Comte, *Système de politique positive*, vol. III, p. 76.
2. H. Gouthier, *La vie d'Auguste Comte*, passim.
3. A. Comte, *La doctrine de l'education universelle dans la philosophie d'Auguste Comte*, vol. I, p. 91.
4. Idem, ibidem, pp. 114-115.

CAPÍTULO VIII

posto básico de que as ciências que o compõem não mais passarão por transformações radicais. Por essa forma, como diz Brunschvicg, tenta-se imprimir o selo da eternidade aos programas da Escola Politécnica, em vigor durante o primeiro terço do século XIX, "fecundados, no entanto, por uma admirável clareza de análise e por uma profunda reflexão sobre a história"[5].

Na verdade, o que Comte julgava ser o estádio final das ciências exatas era um mero ponto de partida. Seria em certa medida injusto criticá-lo da perspectiva concedida a nós pelos passar dos anos. Mas as idiossincrasias pessoais e o espírito de sistema o levaram a posições insustentáveis mesmo à luz dos conhecimentos de sua época. No campo das matemáticas, recusa-se a encarar como válido o cálculo de probabilidade, porque nele está implícita a noção de acaso, que é de todo estranha ao positivismo. Em astronomia, estabelece como limite último o estudo do sistema solar. Os trabalhos de Herschell, um dos maiores cientistas de todos os tempos, sobre as estrelas e as nebulosas, são tidos por frutos da "imaginação pura, liberta de toda condição científica", e inspiram em Comte "profunda repugnância"[6]. Esta confissão é extremamente significativa.

Em biologia, Auguste Comte foi um autodidata; neste terreno acentua-se a defasagem do seu pensamento científico em relação ao dos seus contemporâneos. O mestre supremo, para ele, é Bichat, nume tutelar de um dos meses de calendário positivista, falecido em 1802. Refere-se a Cuvier para opinar que sua reputação é exagerada. Geoffroy Saint Hilaire nem sequer é mencionado. A polêmica entre os dois sábios, que apaixonou o mundo científico em 1830, não deixou eco algum nas páginas de Comte.

A concepção comtiana de evolução orgânica é ostensivamente um transformismo. Mas supõe-se que as transformações cessam quando as espécies atingem a "harmonia biológica", definida como "equilíbrio mútuo entre dois poderes heterogêneos independentes". Em contato com o ambiente, o organismo desenvolve potencialidades preexistentes que promovem a adaptação. Portanto, apesar das concessões feitas a Lamarck, a posição adotada é o preformismo, ligeiramente modificado. Qualquer idéia de epigênese, ou seja, a emergência de fenômenos novos por efeito da evolução, é afastada. Tudo o que rompe o equilíbrio, que é o estado normal da espécie, só pode

---

5. L. Brunschvicg, *Les progrès de la conscience dans philosophie occidentale*, vol. I, p. 519.
6. A. Comte, *Cours de philosophie positive*, vol. II, p. 189.

ser patológico, e definido como atrofia ou hipertrofia das funções do organismo sadio.

A biologia é, portanto, uma ciência que pode proceder por via sintética, deduzindo suas leis em grande medida *a priori*, a partir do estado de equilíbrio orgânico. Donde se segue que o seu método, por excelência, é o comparativo, e que os processos experimentais devem ser usados aqui com prudência. Os ataques de Comte contra a teoria celular, o uso do microscópio, o estudo químico dos tecidos orgânicos, revelam um dos aspectos menos lúcidos de um grande espírito. Há muito que esses métodos não constituíam novidade, e negar valor aos resultados obtidos por meio deles era não se render à evidência.

A arte médica, uma das principais aplicações da biologia, sofre limitações tão severas quanto esta. Os experimentos são tolerados, desde que se liguem rigorosamente ao conjunto das doutrinas positivas correspondentes. A experimentação pura, que se apoia unicamente na estatística, é condenada. A utilização de processos terapêuticos mal conhecidos, "anotando-se com minuciosa precisão os resultados numéricos de sua aplicação efetiva" (estas expressões são usadas com intuito sarcástico) só pode levar a uma "profunda degeneração direta da arte médica". Isto porque os fenômenos patológicos estão sujeitos a variações contínuas, "de que resulta a impossibilidade manifesta de comparar judiciosamente dois modos de cura, segundo os quadros estatísticos de seus efeitos"[7]. Raciocínio surpreendente, que justificaria antes a conclusão oposta a que chega. Parece óbvio que quanto mais variável for um fenômeno, tanto mais necessário será submetê-lo a técnicas estatísticas.

A consideração da instabilidade do orgânico, normal ou patológico, contrastada com a regularidade do inorgânico, deu ensejo à curiosa sugestão das máquinas que reproduzissem organismos animais. Passou-se mais de um século antes que a mesma idéia ocorresse a W. Grey Walter e seus colaboradores da Universidade de Bristol, resultando na construção da tartaruga eletrônica, *Machina speculatrix*. O comportamento do animal artificial, no entanto, só apresenta perfeita regularidade quando a sua constituição é relativamente simples. À medida que se formam novos "circuitos de aprendizado", "a possibilidade de neuroses provindas de conflitos surge imediatamente". "Nas situações difíceis, a criatura se torna apática, ou entra em estado de agitação violenta, que só pode ser curada com repouso ou choque, dois

---

7. Idem, ibidem, vol. III, p. 220.

estratagemas favoritos do psiquiatra"[8]. O princípio comtiano de que a complexidade crescente favorece a eclosão de perturbações parece comprovado pelos resultados dessas experiências. Do ponto de vista lógico, no entanto, não há conexão necessária entre esse princípio e a suposta superioridade intrínseca de tudo que é regular. Essa é, porém, no espírito de Comte, a grande lição a ser tirada da filosofia das ciências, que faz, às vezes, de metafísica e de epistemologia.

Terminando sua excursão pelo campo das demais ciências, o aprendiz sociólogo deverá, pois, ter fixado os conceitos de estado normal e de *consensus*. A visão comtiana do universo apresenta-o como sucessão de esferas que, embora se encaixem umas nas outras, são independentes e mutuamente irredutíveis. Somente num desses compartimentos do real as oscilações se tornaram perfeitamente regulares, atingindo-se uma "harmonia imutável", o sistema solar. Os fenômenos físicos, químicos e biológicos se encaminham para essa meta, distanciando-se dela na medida em que são mais complexos e particulares. Assim sendo, é possível distinguir, apesar da diversidade que os separam, traços comuns, como por exemplo, a composição e decomposição na química, correspondende à inalação e exalação dos organismos. Mas, em virtude dessa mesma diversidade, a filosofia deve se contentar em estabelecer semelhanças e filiações.

Em certos passos, o método positivista se caracteriza pela cautela, que se manifesta sob várias formas. O infinitamente grande da astronomia de Herschell, e o infinitamente pequeno desvendado pelas pesquisas microscópicas parecem ter provocado uma angústia pascaliana em Comte, que os condena com veemência apaixonada. Mesmo em outras circunstâncias, quando não estava em jogo sua afetividade, recomendava sempre medir as forças mentais, "para em seguida circunscrever sabiamente sua destinação"[9]. Mas, por outro lado, a ausência de explicações é intolerável para o espírito humano. "A sensação mais terrível que se possa experimentar é a que se produz todas as vezes em que um fenômeno parece acontecer em contradição com as leis naturais que nos são familiares"[10]. O positivismo é, pois, uma tentativa de eliminar do mundo o desconforto moral do insólito. As alterações das leis naturais, os cataclismas ocorridos no passado, foram meros prelúdios agitados de uma ordem que se instalou para duração eterna.

---

8. W. Grey Walter, "Imitation of Life", *Scientific American Reader*, pp. 545-551.
9. A. Comte, *Discours sur l'esprit positif*, p. 9.
10. Idem, *Cours de philosophie positive*, vol. I, p. 35.

A existência dessa ordem condiciona o transcorrer dos fenômenos nos cosmos, imprimindo-lhes a regularidade que torna possível conhecê-los. A verdade existe nas próprias coisas, conforme um encadeamento pré-determinado em cada categoria do real. À mente humana compete descobri-la, elaborando para tanto os métodos adequados que permitam atingir significados indubitáveis, relacionados com princípios gerais, como ao termo de uma demonstração matemática. Não intervém aqui imaginação criadora. Trata-se de polir e repolir o intelecto, de modo que se possa refletir com fidelidade o mundo exterior, *more astronomico*.

A sujeição à ordem cósmica é exigida, no *Cours de Philosophie Positive*, em nome da epistemologia. Mas se associa a uma concepção geral do universo (para não usar a palavra proibida, metafísica). Mais ainda, depreendem-se desse fato conseqüências éticas; a proibição lógica de explicar o superior pelo inferior, vai de par com a injunção de subordinar o superior ao inferior. Na realidade, o que é inferior, por ser mais geral e mais simples, é superior quanto à regularidade. No *Système de Politique Positive*, uma só fórmula dará conta dos diferentes aspectos: "A harmonia moral se realiza subordinando o egoísmo ao altruísmo; a coerência mental repousa sobre a preponderância da ordem exterior"[3].

No primeiro caso, todas as nossas inclinações se associam à única afeição que as pode disciplinar; no segundo, todas as nossas concepções se coordenam segundo um espetáculo independente de nós"[11].

Portanto, a feição religiosa das idéias educacionais de Comte, analisada por Arbousse-Bastide, é também visível na sua filosofia das ciências. A "parte dogmática da filosofia social" a revelará mais claramente.

---

11. Idem, *Système de politique positive*, vol. II, p. 17.

Capítulo IX

CRÍTICAS À "FISIOLOGIA FRENOLÓGICA" E ÀS NOÇÕES COMTIANAS QUE CONCERNEM O INDIVÍDUO, O *EU* E A PATOLOGIA MENTAL

As críticas de Auguste Comte às concepções psicológicas de sua época podem ser resumidas em dois pontos: a inoperância do método introspectivo e a falácia da noção ontológica de espírito. Os argumentos contra a introspecção na obra da mocidade repetem, provavelmente, sem que o soubesse, os que Gassendi empregara para combater o *cogito* cartesiano. Comte usa mesmo palavras idênticas: o olho não pode ver a si mesmo. Já Descartes recusara a validade da metáfora; o espírito humano não é comparável a um órgão inteiramente estruturado e de funções simples, mas, como atividade pura, que se constrói a si próprio continuamente[1]. No *Cours de Philosophie Positive* reaparece o argumento assim modificado: as funções intelectuais não podem ser observadas diretamente em ação, mas só em seus resultados mais ou menos próximos e mais ou menos duráveis. Os dados colhidos dessa maneira são de significado reduzido. Na prática, no entanto, reconhece algum valor na introspecção, pois que por esse meio pode verificar a validade da lei dos três estados.

A noção de alma ou espírito, solidários de sistemas teológicos ou metafísicos, deve ser substituída pela de *consensus*. Sobre esta pedra fundamental se erige a ciência que estuda a vida mental, a fisiologia frenológica. A aura de charlatanismo, que circunda a frenologia em nossos dias, não deve fazer esquecer o papel importante que teve no desenvolvimento da ciência. As idéias de Gall e Spurzheim tiveram, pelo menos, o mérito de chamar a atenção para um dos problemas centrais da fisiologia nervosa, o das localizações cerebrais. A concepção do cérebro como um aparelho complexo de funções múltiplas e a localização das "funções superiores" na região frontal do cérebro correspondem, *grosso modo*, às que hoje tem curso[2].

---

1. V. G. Lewis, *Le problème de l'inconscient et le Cartésianisme*, p. 15.
2. V. K. Goldstein, *La structure de l'organisme*.

Comte, no entanto, abre à frenologia um crédito muito mais amplo; a "luminosa teoria de Gall" se converte no eixo do sistema de conhecimentos positivos concernentes ao indivíduo e à sociedade, sem o ônus da comprovação experimental. A interpretação dos dados da anatomia comparada do encéfalo nas diferentes espécies animais parece-lhe garantia suficiente. As restrições que formula, relativas a uma correlação demasiado estrita entre partes determinadas do cérebro e funções mentais específicas, não comprometem a validade do princípio geral de que o *eu* não constitui uma unidade ontológica.

Outro princípio da frenologia, que se faz depender deste, de que as disposições mentais são inatas, é aceito com maiores reservas. Comte reprova, sobretudo em Spurzheim, o quadro demasiado extenso das aptidões, regendo cada qual um setor determinado do comportamento. Na prática, as faculdades mentais sempre se combinam para uma ação definida; em certa medida, o intelecto pode dar-lhes direção conveniente e ampliá-las por meio do exercício, o que constitui a base teórica da educação. Mas a fisiologia frenológica dá ao fundador do positivismo o que julga ser os limites intransponíveis da natureza humana[3].

Convencido de estar de posse de uma solução definitiva, Comte não procurou conhecer os estudos sobre o sistema nervoso de seus contemporâneos. Assim sendo, passaram-lhe desapercebidos os experimentos de Flourens com animais portadores de lesões cerebrais circunscritas e as conseqüentes perdas de funções. Segundo Sullivan, Pierre Flourens, o primeiro que concebeu claramente as funções totalizadoras do sistema nervoso central, é o verdadeiro pai da fisiologia nervosa moderna[3].

As teses da frenologia pareciam necessárias a Auguste Comte para firmar a noção "geral, abstrata e indireta" do *eu*. O termo personalidade é tomado sempre como a conotação das peculiaridades no modo de agir de um organismo, da espécie *Homo sapiens* ou de outra qualquer; não é entidade ou conjunto regular de processos. Inspirando-se na tradição dos enciclopedistas e prenunciando a psicologia moderna, Comte nega a solução de continuidade no estudo do comportamento do animal ao homem, quando encarado do ponto de vista biológico. O homem, como os animais, é impelido pelos "motores afetivos", os instintos pessoais (egoísmo) e os sociais (altruísmo); o *eu*, que os enfeixa nada mais é do que o "*consensus* universal do conjunto do organismo". No homem, no entanto, este consensus é definido como "um

---

3. H. S. Sullivan, *Conceptions of Modern Psychiatry*, p. 6.

equilíbrio obtido à custa de grandes esforços". Há uma instância disciplinadora dos instintos, que só se encontra na nossa espécie, a única que conhece uma vida verdadeiramente social. Reluta-se em usar a palavra consciência para designá-la; o termo mais tradicional, razão, é preferido.

Comte lembra aqui Spinosa, para quem o cogito cartesiano, que cada qual constata em si mesmo, não é senão um modo de pensamento universal. "A essência do homem é constituída pelas modificações definidas dos atributos de Deus". O espírito humano, "coisa singular existente em ato", é desprovido de substância [4]. Bastaria substituir Deus por Humanidade, no contexto, para se ter um princípio positivista.

Não há, no entanto, identidade de pontos de vista entre o spinosismo e o positivismo. Neste sistema, as atividades superiores da mente, cujo desenvolvimento só se dá em conseqüência da vida social, não são estritamente impessoais. Ao contrário, atribui-se papel relevante aos "órgãos da Humanidade", indivíduos ímpares pelo intelecto ou pelos dotes morais, que são instrumentos do progresso. Neste passo, faz-se apelo mais uma vez à frenologia, esta supõe que diferenças inatas predestinam os homens a funções sociais determinadas. Os indivíduos excepcionais, por sua herança biológica, tornam-se aptos a exercer as faculdades reflexivas que formam o espírito de combinação. É privilégio deles uma maior coesão mental, que se obtém por meio de uma extrema tensão interna, da qual a maioria das pessoas se revela incapaz. Assim se fundamenta a divisão entre os sábios, que no Estado Normal constituirão o poder espiritual, e o comum dos mortais destinado unicamente à ação.

O indivíduo comum é, no entanto, educável, pois que há nele a possibilidade de desenvolverem-se hábitos. As concepções referentes aos hábitos constituem um dos aspectos mais modernos da psicologia comtiana. Não se diria que o mesmo autor, que perfilha as teorias de Gall e Spurzheim, seja capaz de supor uma flexibilidade da natureza humana em que funda tantas esperanças. Comte não parece ter influído diretamente sobre os psicólogos americanos, mas há afinidades marcadas entre o seu pensamento e o deles. A psicologia funcional de Dewey e Angell, definida como ciência concreta e prática, inspirou-se na biologia para estudar as interações do organismo e de seu meio, conforme os ensinamentos de William James; mas ainda estava presa a pressupostos subjetivos e introspectivos.

4. Spinosa, *Ética*, II, proposição XI.

O behaviorismo propôs substituir o ponto de vista subjetivo pelo objetivo, a introspecção pela observação direta, integrando a psicologia às ciências da natureza de modo definitivo. Fazendo do centro de suas preocupações a dualidade *estímulo-resposta*, satisfaziam-se as exigências formuladas por Comte de levar em conta o agente e o ato. A concepção da personalidade como soma de hábitos e não como unidade, a mentalidade tida como "o caráter geral de certas funções exercidas pelo organismo", são outros tantos pontos de contato [5]. A transformação que o behaviorismo operou na psicologia e a influência que teve sobre as ciências afins, como sociologia e antropologia social, necessitam apenas ser mencionadas. Vários pontos de vista do behaviorismo, em nossos dias, foram incorporados ao patrimônio científico; mas não se reconhece, em geral, que alguns deles já estavam prefigurados no *Cours de Philosophie Positive*.

Não só por causa de seu interesse pelos hábitos, Auguste Comte aparece como um precursor. No tocante aos métodos, por exemplo, fez sugestões importantes, quais sejam, a do valor diagnóstico dos sonhos, o estudo das biografias, as pesquisas sobre a inteligência e os costumes dos animais. Há prenúncios da reflexologia na consideração da medula espinhal com o centro em que se efetuam reações a partir de "seqüências de atos interiores". Tudo leva a crer, no entanto, que as elaborações posteriores desses métodos se fizeram independentemente dele. O que demonstra que o positivismo científico deu expressão a uma corrente profunda no pensamento do século XIX.

A idéia de Broussais de que o patológico nada mais é do que a atrofia ou a hipertrofia do normal, limita o significado da psicologia clínica comtiana. Tal princípio não foi totalmente invalidado pela psiquiatria moderna; a psicanálise, entre outras escolas, nos habituou a considerar imprecisos os limites entre a doença e a saúde mental. Mas Comte se recusa a admitir que os distúrbios psíquicos formem um campo particular de estudos, com sua dinâmica própria, necessitando o levantamento de dados sintomáticos específicos. Que as "perturbações individuais" resultam das dificuldades que o indivíduo experimenta em aceder a uma vida social plena é, no entanto, um princípio fecundo.

Freud foi o primeiro a chamar a atenção para a importância das relações familiares na evolução psicossexual da criança. Um maior desenvolvimento foi dado a essa orientação por Sullivan, que não fez da pessoa humana uma

---

5. Ver J. B. Watson, *Behaviorism*; A. Tilquin, *Lê behaviorisme*.

unidade discreta, inteiramente contida em si mesma. A personalidade se define para ele como "a configuração relativamente duradoura das situações interpessoais repetitivas que caracterizam uma vida humana"[6]. A atividade psíquica se exerce num campo interpessoal, constituído pelas interações entre dois ou mais organismos. Há processos conjuntivos, que permitem integrar uma situação, resolvendo ou reduzindo as tensões; outros, os disjuntivos, levam à desintegração da situação. Sullivan aponta, como sério impecilho do desenvolvimento sadio das relações interpessoais, a "ilusão da individualidade", que corresponde, grosso modo, à "personalidade" de Comte[7]. Nesta perspectiva, a psiquiatria se identifica com a psicologia social, como explicitamente o diz Sullivan[8].

A refutação do "orgulhoso e vão espírito de individualismo" pelo fundador do positivismo se situa na mesma ordem de idéias defendida pelo psiquiatra americano. Só que Auguste Comte propõe, para atingir o equilíbrio interior, em lugar de uma terapêutica, a conversão religiosa. "A religião constitui para a alma um *consensus* normal, exatamente comparável ao da saúde em relação ao corpo". O termo teológico metafísico "alma" é reabilitado para designar a unidade que se obtém quando "os motores internos estão coordenados entre si", o que se acompanha de "subordinação à fatalidade exterior"[9].

Esta formulação aparece numa fase da obra ulterior à que é aqui analisada. Mas o termo da trajetória ilumina retrospectivamente os pontos por que passou. Comte se pronuncia contra uma concepção da alma ou do *eu*, e *uma* psicologia. Sua compreensão do comportamento humano supõe a cisão entre dois tipos de fenômenos, os biopsíquicos, estudados pela "fisiologia frenológica", e os psicossociais, objeto da sociologia.

---

6. H. S. Sullivan, *The Interpersonal Theory of Psychiatry*, pp. 110-111.
7. Idem, *The Illusion of Personal Individuality*, Psychiatry, vol. 13, pp. 317-332.
8. Idem, *The Interpersonal Theory of Psychiatry*, pp. 367-368.
9. A. Comte. *Système de politique positive*, vol. II, p. 8.

Capítulo X

CRÍTICAS AO MÉTODO DE COMTE, À ESTÁTICA E À DINÂMICA SOCIAL

A sociologia, ao nascer, encontra já bases seguras, que as outras disciplinas lutaram para conseguir. Em cada campo do saber desenvolve-se uma noção específica do *consensus*, em que se funda a metodologia que lhe é própria. A física social no entanto, se ancora na concepção da natureza humana fornecida por outra ciência, a fisiologia frenológica, que dá as bases da ordem eterna da sociedade. A estática social, estudando a ordem, põe em relevo a solidariedade que liga os fenômenos entre si, de modo que a consideração do conjunto deve prevalecer sobre a análise dos elementos. O método que lhe convém difere radicalmente dos que são seguidos pelas outras.

Para Brunschvicg, a partir desse momento, Comte adota uma atitude antipositivista. "A homogeneidade da terminologia serve somente para mascarar a revolução do pensamento, mediante o qual a *síntese romântica* se substitui, de repente, à *análise cartesiana*". "Descartes tinha proclamado o que é efetivamente a base do racionalismo moderno, a unidade do saber humano: não há senão uma inteligência, um método, uma verdade. *Ora, esta unidade é radicalmente negada por Comte*" (embora protestando contra a metafísica) "reintroduz, no cerne da filosofia positiva, a incerteza e o vago das sínteses gerais". "A síntese comtiana não espera sua vez. Não se trata de um processo que seria correlativo à análise, que se limitaria a condensar os seus resultados. Desde o início, se revolta contra a paciência, contra a lentidão, contra a precisão de uma análise cuja competência recusa, para seguir o impulso de *intellectus archetypus* que Kant tinha descrito, que os românticos se atribuíram, a que são permitidas *todas as audácias*, do mesmo modo que *todas as ignorâncias*".

O tom passional dessa passagem não é característico do pensador comedido que foi Léon Brunschvicg, dando impressão de uma briga em família.

Em *Les Ages de l'Intelligence*, em que se refazem algumas críticas, há uma apreciação mais calorosa do valor de Comte.

Que Auguste Comte tenha sido de um temperamento romântico, tese sustentada por Seillères, atesta-o sua biografia. Mas não é possível, sem violentar os termos, filiar sem mais a filosofia positiva ao romantismo. Em vários passos da obra comtiana se patenteia a aversão pela literatura romântica. As únicas produções desse movimento que têm acolhida na *Biblioteca do Proletário no Século XIX* são *Os Mártires* e *O Último Abencerrage*, de Chateaubriand; *Os Noivos*, de Manzoni; uma seleção dos poemas de Byron, excluindo-se o *Don Juan*. Compreende-se essa aversão. Na análise clássica de Hegel, o herói romântico exprime a revolta contra a ordem social reinante; a consciência moral não reconhece mais uma essência fora dela, mas é certeza imediata do *eu*, em que o universal se une ao individual[1]. Ora, a posição de Comte, como ficou evidente, é diametralmente oposta, o individual é mera expressão do universal.

Brunschvicg aponta em de Bonald e Joseph de Maistre a influência da filosofia sintética alemã, que teriam transmitido ao fundador do positivismo. Mas o que Comte colheu nesses autores – a noção de ordem – não lhes era exclusiva; salvo exceções marcantes, como a de Rousseau, ela domina todo o pensamento do século XVIII. Tampouco foi privilégio dos românticos o amor pelas sínteses apressadas. No próprio *Cours de Philosophie Positive* se faz lúcida crítica às construções teóricas *a priori* do período precedente, justamente tachadas de arbitrárias. A visão do homem no "século das luzes" se apóia na especulação, e apresenta como totalidade do espírito a crosta racional que é a experiência cristalizada. A clareza que assim se obtém é, em muitos casos, antes o resultado da facilidade e da superficialidade do que do rigor científico.

Por outro lado, os românticos, votados à exploração das forças obscuras que se enraízam no lado noturno do ser humano, e vendo na consciência clara apenas um aspecto do espírito, introduziram um modo de compreensão dialético, de férteis conseqüências[2]. Lembre-se que Comte reconhece que a razão não é o todo, e nem sequer a parte dominante da psique, e escreveu páginas, nesse sentido, que anunciam a psicologia moderna. O que leva, no entanto, a reafirmar com maior força a necessidade do controle racional. Em que pese a opinião de Brunschvicg, se tivesse cedido mais aos impulsos românticos, teria dado maior flexibilidade à sua doutrina.

---

1. G. W. F. Hegel, *Phénoménologie de l'esprit*, trad. J. Hyppolite, vol. II, p. 169 e ss.
2. V. A. Béguin, *L'âme romantique et lê revê*.

CAPÍTULO X

Como quer que seja, a prioridade lógica do ponto de vista sintético na metodologia sociológica se impõe. É a pedra angular do edifício, sem a qual desmoronaria. Trata-se de um preceito de ordem geral: desde que haja um sistema, é necessário partir-se da configuração do conjunto para se compreender o funcionamento das partes. Na formulação das relações entre o objeto *sociedade* e o conceito que o exprime é que Comte deixa a desejar.

Com efeito, é parte de sua epistemologia que o conceito é uma cópia mental do objeto, mas não se definem bem as condições que presidem ao ato de copiar. O que se preconiza é que o conhecimento se abra à realidade exterior, submetendo a teoria à observação. Ao mesmo tempo, postula-se que os resultados contrários à doutrina devem ser eliminados por inválidos. Antes de qualquer observação, já se tem por conhecidas as articulações fundamentais do sistema social, as quais se deduzem com ajuda da frenologia.

Neste particular, deve-se exprobrar em Comte o abuso da análise, e não da síntese, já que o mental é reduzido a uma série de funções orgânicas, cuja integração é sujeita a oscilações. Por outro lado, se as atividades do homem em sociedade são regidas por disposições inatas, não se terá aqui infringido o princípio de explicar o social pelo social? Sem dúvida, os hábitos modificam a conduta humana, mas a sua ação é exercida dentro dos limites rígidos dos fatores biológicos, dados de uma vez por todas. Pondo-se de lado o problema de validade científica da frenologia, não há como fugir à impressão de que a realidade social, mal é vista em sua especificidade, logo se dissolve nos supostos componentes fisiológicos.

O *consensus* que forma o *eu*, mero reflexo do conjunto das atividades orgânicas, se define como um equilíbrio precário. O conceito de *consensus* social, porém, que comporta maior estabilidade, deriva dele por analogia. A ordem social reproduz a organização individual: a mulher está subordinada ao homem, da mesma forma que o sentimento se submete à razão, e assim por diante. Mas o indivíduo é expressão da sociedade. De sorte que, como dizia Marx do sistema hegeliano, parece que o filho engendra o pai.

É preciso distinguir na metodologia comtiana as regras para a direção dos trabalhos científicos das proposições metafísicas que lhes são subjacentes. Podemos segui-lo quando encarece a necessidade de enfrentar os fenômenos sociais nas suas ligações múltiplas. Mas a sua tentativa de explicar a natureza dessas ligações é uma interpretação a ser discutida. Subordinar a imaginação à observação é um preceito inatacável, assim como o corolário que se lhe segue, da modificação contínua da teoria, por influência do aperfeiçoamento da observação.

A imaginação, porém, é tomada quase sempre como sinônimo de fantasia, ou "divagações individuais". A passagem do absoluto ao relativo implica, também, a adoção de um sentido comtiano desses termos; o "relativo" a que se chega tem validade absoluta.

Não é imperativo postular a existência ontológica de uma sociedade concreta e definida para salvaguardar a noção de conjunto em sociologia. Pode-se conceber sistema social como um *ens rationis* moldado sobre o real, sem que jamais lhe seja possível exprimi-lo integralmente. Nesta formulação, a própria essência dos laços sociais não se furta à retificação metodológica progressiva. À imaginação cabe o papel importantíssimo de discernir os meios de recompor o todo. Comte vê no estabelecimento de leis o indício seguro de que a fantasia foi vencida. Mas estabelecer regularidades pela observação não é tudo; é necessário que sejam comprovados entre elas nexos verdadeiros. A correlação entre os ciclos das manchas solares e as crises econômicas é um exemplo bem conhecido de elaboração fantasiosa de leis científicas.

É ainda por meio da lei, que Comte pensa promover a substituição do ponto de vista absoluto pelo relativo. Mas não levou a cabo tal empresa. O absoluto é assimilado à causa metafísica, mas a sua noção de fato geral ou fórmula abstrata de lei conserva os traços do vocabulário escolástico[3]. Seja dito, em seu favor, que o problema não é fácil solução em sociologia, e a existência de leis nesta disciplina está longe de ser ponto pacífico[2].

Cumpre agora examinar outro aspecto das críticas de Brunschvicg ao método positivista: a suposição de ter tentado destruir a unidade do saber humano proposta por Descartes. De fato, as diferentes ciências se apresentam como círculos fechados no sistema positivista. Auguste Comte, no entanto, proclama sua filiação ao cartesianismo; o *Discours sur l'Esprit Positif* se inspira no *Discours de la Méthode*. A afirmação inicial de Descartes, que o bom senso é a coisa do mundo melhor distribuída, comporta, segundo Gilson, um laivo de ironia que escapou ao nosso autor[4]. Comte aceita-a literalmente, dela tirando a ilação de que "o espírito filosófico (consiste) na extensão do simples bom senso a todas as especulações verdadeiramente acessíveis". A ciência, por sua vez, é concebida como "um simples prolongamento metódico da sabedoria popular"[5]. Em toda a obra comtiana, as expressões "bom

---

3. L. Brunschvicg, *Lês ages de l'intelligence*, p. 9.
4. R. Descartes, *Discours sur la méthode*, p. 83.
5. A. Comte, *Discours sur l'esprit positif*, pp. 70-71.

CAPÍTULO X

senso", "senso comum", "sabedoria universal", "sabedoria vulgar", e "razão pública" são usadas praticamente como sinônimos. Há, portanto, por sobre a divisão do saber científico em compartimentos estanques, certa noção de unidade do espírito humano.

Mas a unidade propugnada pela reforma cartesiana procede de outras origens. Para Descartes, a razão é o cadinho em que se provam todas as teorias e todas as asserções; compete a cada um acender ou avivar a chama crítica, nada aceitando que não tenha passado por ela. O próprio método racional é apresentado aos meios cultos da Europa para livre discussão. Comte, no entanto, julga que o momento da dúvida sistemática já foi ultrapassado, e o seu exercício na época atual é pernicioso. Em lugar de opor-se à tradição, faz-se mister reforçá-la. Donde a necessidade de se considerar cada ciência como tendo atingindo a etapa definitiva. É a sociologia que demonstra que as opiniões, difundindo-se por todo o organismo social, se transformam em doutrinas finais. A essa ciência compete o papel de nova *mathesis universalis*.

A lógica comtiana é, por um lado, realista, pois supõe a adequação do conceito ao objeto, que se comprova pela capacidade de previsão. Por outro lado, é convencionalista, adotando como critério da verdade a anuência dos juízos. É esta a posição que predomina nos escritos da maturidade. Mas, desde o início de sua obra, o elemento de invenção pessoal próprio à atividade intelectual é negado. Por hipótese, no estado normal de cada disciplina, os antecedentes dos fenômenos se apresentam todos juntos ao observador, sendo susceptíveis de apresentação imediata. No decurso dos séculos, há fatos em que brilha a luz da verdade, que as opiniões errôneas podem ignorar, mas que serão forçosamente reconhecidos com o passar do tempo. As teorias verdadeiras (por exemplo, a frenologia) se substituem às falsas (a psicologia), à medida que é adotada pelos "bons espíritos". O mundo exterior e a história são constantemente referidos como espetáculos que *se dão* aos sentidos.

No uso da palavra, dados para indicar os termos de um problema ou os resultados de uma pesquisa, há uma sugestão involuntária da epistemologia comtiana. Alpert recomenda que se empregue o termo latino *capta*, em lugar de *data*, que é corrente em inglês, evitando-se, por essa forma, uma travação de sentido[6]. Os fenômenos não se impõem a uma observação que os registra passivamente; o método, em qualquer ciência, não é uma simples

---

6. H. Alpert, *Emile Durkheim and His Sociology*, p. 114.

ascése, ou exercício de contemplação pura, mas um modo de intervir no desenrolar dos acontecimentos.

Escrevendo um século antes de Comte, Giambattista Vico já se dera conta de que a mente humana é um contínuo fluxo de criação. Assim, a construção da civilização material, a produção de obras artísticas e literárias, a elaboração de teorias filosóficas e científicas, são manifestações de uma mesma atividade fundamental que se chama *poesia*.

Restitui-se, pois a essa palavra, o seu significado primitivo. "O termo grego *poietés* (derivado do *poiein*, fazer) significava: 1. um fazedor de qualquer coisa; 2. um fazedor de versos; 3. um criador de literatura de ficção (como *Dichter* em alemão)"[7]. Para Vico, só é possível compreender aquilo que se faz ou que se refaz. O próprio Deus possui a inteligência universal de todas as coisas, porque as criou[8]. Da mesma forma, o "mundo civil", ou seja, a sociedade, é compreensível ao homem porque é uma criação sua, em que se reflete seu espírito[9]. É por meio de um trabalho incessante sobre as coisas, que se passa de um sentimento subjetivo do certo à noção do conhecimento, nesse sentido, o filósofo napolitano está mais próximo de nós do que Comte, que antes parece pertencer ao século XVIII.

O positivismo não entra em campo para defender a razão cartesiana individual, mas o razoável, patrimônio comum dos "bons espíritos". A evidência dos sentidos, geralmente aceita, é sua pedra de toque. Ora, o "segredo da causalidade no universo se situa além do alcance dos sentidos, onde a observação vulgar não permite sequer suspeitá-lo, no domínio do infinitamente pequeno. A análise desde Leibiniz, a biologia desde Pasteur, a ciência físico-química, enfim, desde Jean Perrin, nos ensinaram a descobrir nele os fatores decisivos dos fenômenos"[10].

A verdadeira noção do progresso científico supõe, como núcleo central da atividade, a consciência de um espírito, que se constrói investigando o

---

7. F. L. Lucas, *Poetry*, Chamber's Encyclopaedia, vol. 10, p. 815.
8. G. B. Vico, *Opere*, p. 248.
9. Esta passagem da *Scienza Nueva* foi admirada por Marx: "Mas em tal densa noite de trevas, onde se oculta a Antiguidade tão distante de nós, aparece este lume eterno, que não esconde desta verdade, a quase não poder, por pacto algum, duvidar: que este mundo civil, ele com certeza feito pelo homem, o qual não pode, porque não se deve, julgar os princípios interiores das mutações de nossa mesma mente humana". G. B. Vico, *Opere*, p. 479.
10. L. Brunschvicg, *Les agês de l'intelligence*, p. 29.

desconhecido, buscando no real o que contradiz os conhecimentos anteriores. "A experiência nova diz *não* à experiência antiga; sem isso, evidentemente, não se trata de uma experiência nova"[11]. Nesta concepção, as entidades lógicas, sejam termos científicos, categorias ou disciplinas, tornam-se fluídas, e exigem, para sua totalização, uma epistemologia genética e operatória. A libertação dos ramos do saber humano da tutela filosófica teve como conseqüência a possibilidade, para cada qual, de impor-se uma trajetória *motu próprio*, que ninguém pode fixar de antemão.

Uma hierarquia das ciências, que culmina na sociologia, funda-se no princípio de não explicar o superior pelo inferior, o que não padece dúvida do ponto de vista puramente lógico. Como diz Jung, não é adequado estudar a catedral de Colônia pela análise mineralógica das pedras que a compõem. Mas os conceitos não permanecem idênticos no decorrer da evolução científica. Empregando-se um artifício verbal, como o faz Comte, ao *superior*, adjetivo, substitui-se o verbo *superar*. Cingir-se à explicação do físico pelo físico e do químico pelo químico seria condenar-se à estagnação. Mas uma nova era se inaugura a partir da afirmação de Lothar Meyer: "O valor numérico dos pesos atômicos é a variável que serve para determinar a natureza essencial dos corpos e as propriedades que dela dependem". Portanto, as propriedades físicas são função de uma variável química. "Verdadeira reviravolta da noção comtiana da complexidade!" observa Bachelard[12]. O átomo e a molécula de Lavoisier não permitiam essa operação. Mas a partir de Mendeleief e L. Meyer a constituição da matéria é compreendida de modo físico-químico, que engloba e supera os pontos de vista anteriores. A análise que identifica elementos significativos não invalida a noção do conjunto, pelo contrário, lança luz sobre sua configuração.

Modernamente, que as ciências mantenham entre si relações dialéticas é ponto pacífico, e as disciplinas híbridas manifestam o mesmo vigor dos milhos geneticamente heterogêneos. Ao lado da físico-química, surgem a astrofísica, a bio-química, a psicologia fisiológica, a psicologia social, a etnopsicologia. Como já se teve ocasião de assinalar, Comte levanta problemas e apresenta sugestões interessantes neste campo, embora inibições pessoais o impeçam de desenvolvê-las. Sobretudo, a recusa de considerar uma ciência autônoma da vida mental, sem prejulgar quanto aos resultados a serem obtidos, constitui uma falha insanável.

11. G. Bachelard, *La philosophie du non*, p. 9.
12. Idem, *Le pluralisme coherent de la chimie moderne*, p. 101.

Em nossos dias, a solidez da posição de Piaget vem de que, antes de abordar os estudos de lógica e de filosofia das ciências, dedicou seus esforços, por um quarto de século, em elucidar experimentalmente a gênese do pensamento na criança. Na sua colocação do problema, as ciências formam um círculo em que todas se entrosam. A psicologia, investigando a natureza dos processos mentais, fornece bases para compreensão das operações lógicas, que fundamentam os princípios mais gerais da matemática. Não será necessário insistir nos laços íntimos que ligam a física e a química à matemática. A biologia, que se vincula direta e indiretamente a essas três ciências, põe em foco o substrato do pensamento, retornando-se, assim, ao ponto de partida que é a psicologia. Mas o conhecimento não tem somente uma dimensão individual, e a epistemologia genética leva em conta a sociologia que, por seu turno, deita raízes na biologia e na psicologia. Piaget não inclui em seu esquema a antropologia, em si mesma um conjunto de disciplinas que se entrelaçam com várias outras.

Todas as dificuldades encontradas por Comte se desvanecem quando, em lugar de postular o sujeito e o objeto como realidades antagônicas, se os consideram como duas direções simultâneas e complementares que polarizam o conhecimento. As matemáticas, a lógica, e a psicologia se alinham junto ao pólo subjetivo. A construção dos esquemas espaciais e numéricos nas matemáticas obedece a um critério de coesão interna, que permite à dedução dominar a experiência, e mesmo explicá-la. A lógica é a reflexão sobre as operações mentais, que a psicologia analisa para destacar a atividade do sujeito, que permanece irredutível a uma simples submissão aos dados da realidade exterior. A física, a química e a biologia, juntamente com as disciplinas intermediárias, estão norteadas para o objeto; mas os avanços notáveis alcançados por essas ciências na época contemporânea se devem, principalmente, a se terem submetido ao exame crítico, que as reconstituiu em corpos de teoria internamente coerentes[13]. Pode-se avançar, portanto, que é na medida em que *não aceite* limites definitivos que o saber humano adquire maior firmeza e unidade. Em virtude do incessante movimento que dinamiza os seus setores, o círculo das ciências não se fecha nunca, assumindo a forma ideal de uma espiral. É o que o positivismo não reconhece, insistindo em salientar a *razão constituída*, em detrimento da *razão constituinte*, na terminologia de Lalande.

---

13. J. Piaget, *Introduction à l'épistémolie génétique*, vol. I, pp. 43-44.

CAPÍTULO X

A autonomia das ciências vem de que cada qual, em seu campo específico, erige um conjunto de fenômenos em sistema. Mas a noção de sistema social elaborada por Comte está demasiado presa às analogias mecânicas. Nesse modelo teórico que construiu parecia-lhe incluir a totalidade das forças que agem sobre um conjunto relativamente homogêneo. Se assim fosse, cada estado dependeria do precedente, numa linha evolutiva contínua, conforme o aforisma de Leibniz. Dificilmente se pode prever para o sistema social, segundo Norbert Wiener, a possibilidade de sua redução a um modelo cibernético na época atual[14]. A totalidade social é composta de subsistemas, ainda mal conhecidos, em diferentes graus de estruturação, interferindo mutuamente segundo modalidades que apenas se vislumbram. Ainda que se concedesse que é possível elucidar as origens sociais de um equilíbrio observado, não se teria uma explicação válida, dado o desconhecimento da situação precisa de cada elemento no conjunto. Cada estado social constitui uma totalidade nova, que não se deduz da estrutura anterior, porque cada elemento novo, quer seja endógeno ou exógeno, sofre modificações ao se integrar nela, e quase sempre, ainda que imperceptivelmente, altera sua fisionomia essencial. Assim sendo, a tentativa de Comte de explicar o diacrônico pelo sincrônico revela-se inoperante.

A analogia entre a sociedade e o organismo teve uma longa carreira em sociologia. O próprio Durkheim da primeira frase emprega expressões como "corpo social", "órgão social", "cérebro social", "protoplasma social" e comporá as representações coletivas com o sistema cérebro-espinal[15]. O perigo que decorre deste modo de exposição é a tendência irresistível de tomar a metáfora por argumento científico. Ademais, no caso de Comte, há uma falsa noção acerca da estabilidade orgânica e das relações organismo-meio, como já foi analisado. Quando Darwin e Wallace começaram a publicar, ele já não lia mais livros. De modo que nunca pode adquirir a concepção do ser biológico como organização que se preserva pela capacidade de incorporar o fluxo de agentes físico-químicos que a circundam, inclusive nas espécies mais flexíveis, as transformações por que passam estes agentes. A obsessão com a harmonia impediu-o mesmo de aceitar os esboços da teoria da adaptação dinâmica nos precursores de Darwin. Não se pode separar no sistema

---

14. N. Wiener, *Cybernetics or Control and Comunication in the Animal and the Machine*, pp. 33-34.

15. E. Durkheim, *De la division du travail social*, pp. 50, 72, 122, 149, 184, 195, 198, 260, 319.

biológico, e muito menos no social, o que está dentro do que está fora dele, de forma rígida e absoluta, por serem realidades que se condicionam mutuamente.

Além disso, todas as teorias da evolução biológica, antes e depois de Darwin, põem em foco o indivíduo. Modernamente, G. G. Simpson insiste neste ponto: todas as novidades no desenvolvimento se produzem por meio do indivíduo. É nele que ocorrem as mutações genéticas; a luta pela vida só pode ser observada em organismos concretos e individualizados, que sucumbem ou logram êxito, segundo suas possibilidades. A individualidade tem aspectos diversos, e se manifesta em graus diferentes, e é antes uma tendência do que um estado, mas já se delineia com suficiente nitidez entre os metazoários, intensifica-se entre os vertebrados, atingindo sua mais alta expressão no homem. Simpson bate-se contra a idéia comtiana e spenceriana da fatalidade evolutiva, em particular, contra a explicação do indivíduo pela sua inserção numa categoria taxonômica que fixa o curso e os limites de seu desenvolvimento. Ao contrário, é ao plano de cada indivíduo que as potencialidades de sua natureza se declaram, e as que se conservam não se ligam forçosamente, de modo estreito, às transformações anteriores [16].

Do ponto de vista lógico, a explicação sociológica de Comte, que segue de perto a biológica, consiste predominantemente em relações de implicação. Combatendo a idéia de causa metafísica, é levado a restringir o alcance das conexões significativas; a lei científica tende a converter-se em fórmula de inclusão no conjunto.

Essa posição lógica se esteia na sociologia, pois que o sistema social é para ele, em última análise, o complexo das idéias que, por meio de seus "órgãos", governam (ou antes, devem governar) o mundo. É curioso que – tendo compreendido, quando se trata do indivíduo, que os dados da consciência não são a totalidade da vida psíquica, que é necessário remontar ao agente e ao ato para explicá-los – não tenha aplicado o mesmo método ao social. A teoria positivista da evolução supõe que a consciência determina a história, segundo o esquema invariável da sucessão dos três estados. Não procura descobrir, por detrás dos sistemas conceituais, as ações executadas em comum para assegurar a sobrevida de um grupo social em uma função de um meio material dado; ações concretas e técnicas, que aparecem na esfera

---

16. G. G. Simpson, "The Role of the Individual in Evolution", *Journal of the Washington Academy of Sciences*, pp. 1-30.

intelectual como símbolos, normas e valores, mas que não derivam dela a título de simples aplicações do pensamento teórico. A vinculação da teoria à prática é um processo que se volta sobre si mesmo, retransformando os dados iniciais em sua totalidade, destruindo a teoria, se for necessário.

A primazia que se confere aos aspectos intelectuais, tanto do ponto de vista estático como do dinâmico, na doutrina comtiana, restringe a compreensão lógica do seu conceito de sociedade. Deve levar-se a seu crédito ter considerado as condutas do homem mediante a associação da perspectiva neurofisiológica (que, como se sabe, inclui a psicológica) à visão de suas dimensões coletivas. A fecundidade que resulta da associação entre diferentes tipos de abordagem é raramente posta em dúvida nos dias que correm. Em várias universidades americanas, estabeleceu-se ampla cooperação entre os departamentos de antropologia, sociologia, psicologia, estendendo-se, em alguns casos, aos recém-criados departamentos de relações humanas. Num relatório elaborado por uma comissão de Harvard, no pós-guerra, lê-se o seguinte: "Como algumas das maiores contribuições e as principais possibilidades de expansão da psicologia dizem respeito à conduta dos seres humanos, enquanto relacionados uns com os outros, não se pode pensar que a separação entre a psicologia social e a psicologia ajude a compreensão do comportamento humano"[17]. Assiste-se, portanto, a uma penetração cada vez maior, do ponto de vista social, na explicação das configurações individuais, que ultrapassa em muito as fronteiras traçadas por Comte.

Na verdade, a teoria positivista, comumente tachada de hipersociologismo é, em grande parte, um psicologismo. Se, por um lado, não se reconhecem plenamente as funções organizatórias do *eu*, faz-se do indivíduo, despido das singularidades e representando a espécie, a sede dos instintos e aptidões tidos por fatores explicativos da vida social. As pesquisas mais recentes das ciências sociais, sobretudo as da antropologia cultural americana, demonstram que o substrato biológico do homem é essencialmente plástico. As disposições que Gall julgou inatas se desenvolvem, o mais das vezes, como resultado da ação de determinados processos educativos, em determinados sistemas socioculturais[18]. Como diz Alain, de forma um tanto radical, "O homem não tem natureza; tem história".

---

17. "The Report of the University Commission to Advise on the Future of Psychology at Harvard", Cambridge, Mass. 1947, citada por H. S. Langfeld, *Psychology in America Today*.
18. V. A. Kardiner, "The Individual and His Society", *The Psychology Frontiers of Society*.

Mas a história humana, para Comte, se concebe a partir da sua evolução pessoal, o que constitui outra maneira de subordinar o social ao individual. A identidade entre o desenvolvimento do indivíduo e o da espécie é uma idéia que teve larga aceitação no século passado, como é de domínio geral. Com os progressos obtidos pela biologia e pela antropologia, foi batendo em retirada. Um dos seus últimos defensores em psicologia é Piaget[5]. Nos seus estudos sobre a formação, na criança, das noções de espaço, número, causalidade, da imagem do universo e, de uma forma geral, todas as operações intelectuais, parece-lhe ter descoberto uma sucessão cronológica que se assemelha ao que seguiu o pensamento ocidental[19]. O conceito de maturação, que está na base dos princípios explicativos desse autor, tem sido submetido a críticas.

Como quer que seja, é ponto pacífico hoje em dia que a formação de um ser humano não é a efetivação pura e simples de potencialidades predeterminadas, mas se realiza, desde os primórdios, pela assimilação de elementos do meio sociocultural que o circunda. A interiorização das normas, símbolos e valores lhe permite elaborar a personalidade, e integrar-se no corpo social. Se de um lado, pela socialização, o indivíduo é moldado pelas matrizes institucionais, de outro ponto de vista, a sociedade é a sua exteriorização. Mas Comte visualizou apenas o homem exteriorizado, nas formas cristalizadas da vida social.

---

19. Para as obras de Piaget, ver a bibliografia.

Capítulo XI

O PENSAMENTO DE COMTE E OS DESENVOLVIMENTOS POSTERIORES DAS CIÊNCIAS HUMANAS. ALGUMAS CONTRIBUIÇÕES DO POSITIVISMO

As leis da harmonia social são apresentadas por Comte como achados científicos, mas ao mesmo tempo consubstanciam um ideal ético. Passa-se constantemente daquilo que é para o que deve ser, e vice-versa; o que, aliás, não ocasiona dificuldades, pois se julga haver entre moralidades e estabilidade relações de estrita interdependência[1]. Toda esta parte da dogmática da filosofia social se situa na tradição da literatura moral francesa que se desenvolve nos meios burgueses, a partir da Idade Média. A autoridade do homem sobre a mulher, corporificando as relações entre razão e sentimento, é o tema de um *fabliau* do século XIII, o *Lai d'Aristote*[2]. A subordinação das idades responde ao problema do conflito de gerações, outro tema amplamente tratado nessa literatura, das origens da vida citadina aos nossos dias. Do século clássico, embora pensadores tais como Pascal e Malebranche sejam citados com apreciação, "o grande Molière" é tomado como mestre de moral. Reservam-lhe esse papel as regras de conduta a serem deduzidas de suas comédias, que se inspiram num espírito de moderação e prudência, e apelam para uma natureza humana tornada razoável e polida pela vida da cidade e da corte. Montesquieu, no centênio subseqüente, serve de modelo direto ao nosso autor; menos radical do que ele, no entanto, estabelece em *L'esprit des Lois* que é contra a natureza e a razão atribuir-se às mulheres o governo do lar, mas não o de um império. Em certas circunstâncias, a suavidade e a cordura contribuem mais para um bom governo do que as "virtudes duras e ferozes"[3].

---

1. A. Comte, *Cours de philosophie positive*, vol. IV, p. 228.
2. *Poetes et Romanciers du Moyen-Âge, Bibliothèque La Pléiade*, p. 485 e ss.
3. Montesquieu, *L'esprit des lois*, cap. VII, proposição 17.

Seja dito de passagem, todos esses autores exerceram influência mínima sobre o estilo de Comte. O tom sentencioso e solene, a ênfase retórica dos seus períodos lembram a linguagem que Henri Monier põe na boca do imortal Joseph Prudhomme.

É na parte das leis relativas à sociedade que melhor se evidencia o gênio de Comte. O organismo social é comparado ao animal no tocante à diferenciação de funções. Mas a solidariedade do grupo, embora tenha base fisiológica (o instinto social), se reforça pelos hábitos, que nascem do convívio humano, e em cuja formação pode interferir o intelecto. Portanto, a separação dos trabalhos e a coordenação de esforços, como processos suscetíveis de serem modificados pela ação do homem, caracterizam a sociedade como sistema. Pela primeira vez é claramente concebida a especificidade do social, lançando-se as bases da sociologia como ciência autônoma.

Comte soube ver que o fenômeno da associação é uma realidade vivida antes de ser conhecida; os que nele tomam parte sofrem apenas certos efeitos, não se dando conta de todo o seu desenrolar. Os vários fins que norteiam a conduta vão se unificando, ao mesmo tempo em que se acentua a diversificação dos meios de ação, que só adquire eficácia quando é acompanhada de consciência. Como a demarcação de funções é mais flexível do que no organismo biológico, há maiores possibilidades de combinações novas, que vão se acumulando ao passar de geração em geração, o que constitui o progresso. A transmissão de conhecimentos, ou seja, o processo educativo, à princípio, tem lugar unicamente na família, utilizando-se precipuamente a imitação.

As leis relativas à família são conseqüências da organização biológica do indivíduo, e fundamentam as que regem a coexistência social. O poder político, na sociedade total, se molda pela autoridade paterna no lar. Comte constrói um edifício teórico perfeitamente simétrico, em que as categorias se sobrepõem umas às outras. Até que ponto, no entanto, foi respeitado o princípio de não explicar o superior pelo inferior? Somente quando se considera a divisão do trabalho é que se delineia nitidamente uma esfera do real em que predomina uma causalidade social específica.

Da mesma forma, a dinâmica social parte de considerações biológicas, ao tratar das causas universais do progresso. O papel atribuído a esse sentimento de insatisfação expresso pelo termo *ennui*, aqui traduzido por fastio, assemelha-se ao desejo de novas experiências na teoria dos quatro desejos de Thomas [4].

---

4. W. I. Thomas e F. Zaniecki, *The Polish Peasant in Europe and in America*, vol. II, p. 1197.

CAPÍTULO XI

Seria interessante averiguar se a inatividade forçada de certas funções é por si só incentivo à mudança. Na espécie humana, porém, é grande a dificuldade de isolar os fatores biológicos ou psicológicos dos sociais.

Os efeitos da duração da vida humana sobre o ritmo das mudanças sociais sugerem uma linha de investigações mais viável. Nas épocas em que a esperança de vida é reduzida, aceleram-se os processos da dinâmica social? O problema se complica quando se considera que as causas de aumento súbito da mortalidade são, em geral, catástrofes que afetam o organismo social como um todo.

O crescimento da população e suas conseqüências para a divisão do trabalho inspiraram *De la Division du Travail Social* de Durkheim. Até hoje, diz Caplow, não se elaborou uma teoria que pudesse suplantar a do discípulo de Comte[5].

A pretensão de deduzir o curso da evolução social da "observação isolada do desenvolvimento intelectual da humanidade" patenteia, mais uma vez, as amarras que prendem o positivismo ao século XVIII. A "teoria metafísica" é julgada incompatível com a realidade porque atribui supremacia à inteligência, no conjunto das faculdades mentais. Mas quando se trata da humanidade como um todo, os fatores intelectuais tendem a preponderar, em virtude de maior faculdade de combinação. Neste ponto se faz sentir a influência de Condorcet, aliás, plenamente confessada, embora Comte critique em "Esquisse d'un tableau historique des progrès de l'esprit humain" a concepção da evolução linear e do progresso indefinido. A lei dos três estados pressupõe o desenvolvimento em ciclos, estabelecendo para esse processo os limites intransponíveis do estado normal. São correções de pouca monta, no entanto; o espírito da "filosofia das luzes" é preservado pelo positivismo.

A focalização dos aspectos intelectuais do desenvolvimento é apresentada de início como conveniência metodológica, já que também se poderia partir do desenvolvimento material. Mas logo surgem razões mais fortes para adotá-la. Para guia de suas ações, os homens necessitam de princípios indubitáveis, ainda que formados viciosamente pela imaginação teológica ou metafísica.

O puro empirismo não consegue atingir a generalidade de uma teoria, mesmo errônea. De acordo com um conjunto de princípios se estrutura um grupo social, e se entrosam as atividades de transformação da natureza.

---

5. T. Caplow, *The Sociology of Works*.

É, pois, na própria realidade que se observa a predominância dos fatores intelectuais; os três estados são, antes que mais nada, sistemas de idéias. E assim se passa, insensivelmente, da atitude metodológica a asserções sobre a natureza da realidade.

Outro ponto em que Comte revela suas afinidades com o pensamento iluminista é a suposição de que o espírito positivo (ou seja, a razão) já está contido em germen nos primórdios dos tempos. Nesta perspectiva, a história seria mera concretização de um programa previamente traçado, excluindo-se a possibilidade de verdadeiras inovações. É a acusação lançada pelos darwinistas contra Comte, expressa na seguinte quadra atribuída a T. H. Huxley:

"There was no ape in days wich were earlier;
Centuries passed, and its hair, it grew curlier;
Centuries more, and its thumb, it grave a twist,
And he was a man, and a Positivist"[6]

Trata-se, como é obvio, de um exagero caricatural. A posição preceituada pelo positivismo era mais nuançada, não excluindo inteiramente o devir histórico, como se evidencia já nas obras da mocidade de Comte. As origens da civilização moderna se encontram, para ele, na constituição das comunas medievais em Flandres, na França e na Itália Setentrional. A partir do século XI, assiste-se nessas regiões a intensas transformações sociais, em que a indústria, baseada no trabalho dos artesãos livres, se desenvolve paralelamente à introdução das ciências positivas, cultivadas pelos árabes. Mas as comunas nunca puderam se libertar totalmente, sofrendo sempre as pressões do regime teológico-militar, o que não foi totalmente prejudicial, pois os habitantes das cidades, excluídos das atividades guerreiras, e exercendo ação política limitada, puderam dirigir suas energias para as artes e para as ciências. A "benéfica tutela teológica" é considerada responsável pelo florescimento da cultura nesse período, e constitui uma prefiguração do estado normal.

Cabe a Comte o mérito de ter trabalhado para restituir à Idade Média sua fisionomia verdadeira, de uma das épocas mais fecundas e originais que a humanidade conheceu. Combatendo, no entanto, o mito do "período de trevas" corrente entre seus contemporâneos, tentou substituí-lo por um outro,

---

6. "Havia um macaco nas eras primitivas; passaram-se os séculos, e seu pêlo se fez mais crespo; séculos mais tarde, seu polegar deu uma reviravolta, e ele tornou-se homem e positivista".

que é a sua antítese. Não se pode negar que em toda a Europa esse período tenha se caracterizado por guerras e revoltas quase que ininterruptas. O desenvolvimento das comunas foi realizado *contra* as forças que tentavam submetê-las ou esmagá-las. A própria fundação de uma cidade livre era considerada uma conspiração contra a ordem existente. No campo das idéias, não havia também unidade perfeita; atestam-no a continuidade das filosofias heterodoxas, como o averroismo, e dos movimentos francamente heréticos.

No âmago da dinâmica, como no da estática, acha-se uma ética naturalista que "procura encontrar padrões de certo e de errado eternamente válidos para todas as coisas, da ameba ao homem"[7]. Mas o que deve ser, jamais poderá ser extraído do *que é* por ilação direta. Assim sendo, a discussão dos princípios éticos em que se assenta a concepção de estado normal não está no âmbito de um trabalho científico. Basta assinalar que, ao adotá-la, a própria colocação do problema moral, cuja condição primeira é certa possibilidade de escolha entre diversos valores, se torna difícil[5].

Ainda mesmo quando se admitia que, no decurso da história, há aqueles que se rebelam contra a marcha do progresso, como Juliano, o Apóstata e Bonaparte. O equilíbrio final se atinge quando todos os espíritos estão submetidos à fatalidade exterior, não havendo, portanto, nenhuma liberdade de opção. "Onde tudo é excelente, nada há de excelente"[8].

Todo o pensamento comtiano se orienta pela idéia de conciliação, que se estende a todos os campos: em sociologia, entre o indivíduo e a sociedade, entre a ordem e o progresso; em política, entre o poder e a liberdade, entre o modelo teórico de Diderot e o prático de Frederico da Prússia; finalmente, entre a ciência e a religião, o sentimento e a razão, fundando-se a Igreja Positivista. A esse propósito, Arbousse-Bastide evoca Hegel[9]. Mas não existe em Comte a resolução do conflito pela superação dos dois termos em presença, mas pela preponderância de um sobre o outro. Em sociologia, encaminha-se a fusão do indivíduo na sociedade, e a realização final da ordem pelo progresso. Só em sentido muito limitado pode-se apresentar o positivismo como uma filosofia dialética.

---

7. G. S. Simpson, *The Meaning of Evolution*, p. 307.
8. Diderot, "Le Neveu de Rameau", *Ouvres Complètes*, p. 199.
9. P. Arbousse-Bastide, *La doctrine de l'education universelle dans la philosophie d'Auguste Comte*, vol. I, p. 21, nota.

Capítulo XII

A VIDA DE COMTE RELACIONADA COM SUA OBRA. OS DADOS BIOGRÁFICOS E A SITUAÇÃO HISTÓRICA

A interpretação da obra de um autor em função da biografia comporta sempre um elemento arbitrário, de maior ou menor amplitude. O caso de Auguste Comte, no entanto, é especial; ele próprio dá todas as indicações nesse sentido. O acontecimento mais marcante de sua infância foi o ingresso no liceu de Montpellier como aluno interno, em 1806. Dos nove aos quinze anos de idade, estende-se o período da "funesta claustração escolástica", em que a privação de afeto se fez sentir agudamente, deixando seqüelas que se prolongaram por toda a vida[1]. A afetividade, não podendo ser empregada no seio da família, desviou-se para os estudos. Estabeleceu-se assim um desequilíbrio em sua evolução, pelo desenvolvimento exagerado das atividades intelectuais, provocando tensões graves que culminaram no "terrível episódio cerebral" de 1826.

Duas crises mais são registradas em sua existência: uma, em 1838, causada pelos trabalhos que assinalam a passagem de "preâmbulo científico" de sua construção filosófica "ao elemento sociológico que deveria constituí-la definitivamente"; a outra, de 1846, liga-se à decepção amorosa que lhe infligiu Clotilde de Vaux no início de suas relações. Nas duas primeiras vezes, Comte venceu o caos interior que o ameaçava, valendo-se unicamente de suas próprias forças, por meio de "golpes de estado racionais", como diz expressivamente Delvolvé[2]. À luz desses fatos, compreende-se porque o *eu* na doutrina positivista é concebido como uma estrutura precária, que se mantém pelo esforço continuado, como também, porque na obra comtiana se insiste tanto para que as atividades especulativas se reservem aos espíritos fortes, preparados por uma educação salutar.

---

1. A Comte, *Système de Politique Positive*, vol. I, pág. 8; vol. IV, pp. 389-429.
2. J. Delvolve, *Réflexions sur la Pensée Comtienne*, p. 21.

Os heróicos combates que Comte sustentou, desajudado pela medicina da época, contra a dissolução mental, fazem-no digno de admiração. Mas os golpes de estado racionais instituíram ou reinstituíram um regímen policial na sua organização psíquica, a regulamentação compulsiva da conduta e do pensamento, em que o menor desvio das linhas pré-traçadas provoca angústia[3].

O episódio da paixão amorosa do "ano sem par" (1845) teve desfecho diferente. Dispensam-se as sutilezas da interpretação psicanalítica para estabelecer que Clotilde de Vaux é como um substituto da *imago* materna: é Comte que expressamente faz essa identificação. A amada se torna símbolo da Humanidade, a qual já fora pré-figurada na Virgem Maria; sua estátua na capela positivista da rua Payenne em Paris está encimada pelo verso "Vergine madre, figlia del tuo figlio". No amor espiritual por Clotilde, Comte encontrou, no entanto, a possibilidade de contemplar sua "formação afetiva" pela "indispensável renascença, que emana do coração"[3]. A sede de afeto que trazia da infância, não logrando satisfação direta, sublimou-se; o termo do vocabulário freudiano parece singularmente apto para descrever a transfiguração de uma criatura que nada tinha de excepcional em imagem da divindade. O positivismo religioso que propõe, como finalidade suprema da existência, a incorporação na Humanidade, expressaria a aspiração de volta ao seio materno, a aceitar-se como válida uma análise de tipo rankiano[4].

Assim, pois, a morte de Clotilde de Vaux teria apenas precipitado a cristalização de tendências que já existiam anteriormente. O conceito de estado normal, que aparece nos primeiros escritos de Comte, implica na cessação de todos os conflitos, de todas as contradições que são inerentes à vida. Na moral comtiana, como já foi exposto, os hábitos devem tornar-se involuntários e espontâneos como os instintos, os quais não apresentam a mesma regularidade de fenômenos orgânicos básicos, que, por sua vez, são inferiores, neste particular, aos que estuda a química, a física e, sobretudo, a astronomia. Não haverá nesses preceitos uma nostalgia do inorgânico, forma primeira do anelo de fusão no todo?

A teoria das relações entre o indivíduo e a sociedade no positivismo não é mero reflexo dos acidentes da biografia do seu criador. A carreira intelectual de Comte traz as marcas do meio social em que se desenvolveu, e apresenta

---

3. A. Comte, *Système de politique positive*, vol. I, pp. 7-8.
4. O. Rank, *The Trauma of Birth*. Talvez não seja necessário salientar que, a esse breve exercício de interpretação psicanalítica, atribui-se o significado de mera especulação.

afinidades, não com a do gênero humano como um todo, como pretendia, mas com a de uma parcela dele, a burguesia. Sua pretensão não parecerá tão exagerada, a levar-se em conta a afirmação de Marx de que a história moderna é a da classe burguesa.

A "grande crise do Ocidente", na expressão comtiana, se abre com a Renascença e a Reforma, movimentos em que se afirmam o individualismo e o racionalismo. À medida que se desenrolam, aumenta o poder do homem sobre a natureza, amplia-se o domínio da razão, com o acentuar-se do processo da individuação. A visão do universo se enriquece e se diversifica, e a crítica se exerce nos modos de pensar e nas formas de vida social recebidas do passado. Mas a quebra dos velhos padrões, enquanto não há outros para substituí-los, cria condições para a eclosão de sentimentos de isolamento, insegurança, e temor ante o desconhecido. Quando não existem estalões indiscutíveis de medida, a obrigação de decidir torna-se um fardo pesado. Prolongando-se a situação de dúvida e incerteza, manifesta-se a tendência de "fuga à liberdade"[5]. Toda a ênfase é dada à necessidade de uma ordenação que aponte os caminhos comuns e que, ao mesmo tempo, proteja o indivíduo contra a irrupção destruidora de seus próprios impulsos, disciplinando-se para garantia da coesão social. Essa ordenação se faz por várias formas. Ora se reafirma a verdade revelada, ou seja, o irracional que se apóia na tradição, ora uma razão que se esforça por refrear o espírito, impondo-lhe limites, eliminando tudo o que afigura irregular e apresenta dificuldades de integração num sistema.

Da Renascença aos nossos dias, a evolução ideológica da burguesia não seguiu um curso contínuo; nota-se nela um ritmo regular de pulsações, em que uma fase da expansão eufórica é sucedida por outra de retração angustiosa. Vêem-se como exemplos de primeiro caso, o século XVI, com Montaigne e La Boetie, o momento de Descartes, e a maior parte do século XVIII; como fases antagônicas, o século XVII de Port Royal, de Fénelon, de Madame de Guyon, e certas correntes do romantismo no século XIX.

O positivismo se insere nos movimentos do segundo tipo, de cujos protagonistas se presume herdeiro. Mas no protestantismo, Comte via apenas a manifestação do "orgulhoso espírito de individualismo". No seu pensamento todo, no entanto, repontam os traços que Max Weber assinalou na ética protestante, que Tawney considera característicos do espírito burguês, indepen-

---

5. E. Fromm, *Escape from Freedom*.

dentemente de filiações religiosas[6]. Em primeiro lugar, a idéia calvinista de predestinação, que se assemelha à da pré-determinação biológica do caráter, supostamente demonstrada pela frenologia. O "decretum horribile" desce dos céus para inscrever-se nas bossas craneanas. A aspiração de reger os negócios mundanos por meio racionais é ampliada por Comte, de modo a incluir a sociedade como um todo. O que Max Weber chama *entzauberung*, ou seja, desencantamento, nos dois sentidos da palavra, que visa escoimar o mundo das superstições mágicas, despojando-o ao mesmo tempo de seus encantos, é tendência comum ao protestantismo e ao positivismo. A doutrina comtiana se funda no pressuposto de que é necessário banir o mistério do universo, ignorando-o quando não é possível solvê-lo. Também na ideologia da Reforma se encontra a concepção de uma ordem cósmica eterna, que lhe serve de guia, inspiração e alento.

Na época em que se elaborou o positivismo, satisfeitas as reivindicações individualistas, importava sobretudo à burguesia francesa consolidar sua posição. Luis Felipe, levado por ela ao poder, foi o espelho fiel de suas aspirações ambíguas, em que se uniam ao desejo de renovar as instituições da revolução de 1789, o temor das ocorrências sangrentas que a assinalaram. Justamente por causa dessa ambigüidade, a Monarquia de Julho foi um regime dos mais instáveis, em que se multiplicaram atentados regicidas. A revolução de 1848, que lhe pôs fim, foi julgada por Comte como o momento azado para insuflar o ímpeto de ação radical do proletariado[7]. Mas a II República decepcionou-o, e o golpe de estado de 1851 foi para ele saudado como "inovação audaciosa", apesar de sua antipatia pelo primeiro império (De passagem, um dos primeiros atos do novo governo foi proibir os cursos públicos do nosso filósofo). O esforço proselitista de Comte se volta, então, para as classes dirigentes. O *Appel aux Conservateurs* data de 1855.

Essas oscilações não devem, entretanto, serem levadas à conta de um amoralismo oportunista. Na vida pública como na privada, Auguste Comte sempre pautou sua conduta por padrões éticos elevados. O temor à anarquia que lhe inspira a política prática, em certos momentos, é uma forma de medo à liberdade que Erich Fromm descobriu como uma constante na evolução psicossocial da burguesia. As limitações do pensamento comtiano derivam

6. M. Weber, *The Protestant Ethic and the Spirit of Capitalism*; R. H. Tawney, *Religion and the Rise of Capitalism*.
7. Ver *Auguste Comte et lê prolétariat moderne*.

CAPÍTULO XII

das peculiaridades de sua organização psíquica e dos vínculos que o prendiam à situação histórica de sua classe. Ao longo deste trabalho, procurou-se analisá-la, apontando-se, também sumariamente, algumas de suas contribuições mais importantes.

Qualquer balanço mais geral de sua obra exigiria, para não cair na banalidade, um tratamento de âmbito maior. Baste, a guisa de conclusão, salientar um ponto. A geração que precedeu Comte tinha como palavra de ordem a "razão"; entre seus contemporâneos e pósteros firmou-se, graças em grande parte aos seus esforços, o mito da ciência. Como todos os legados do século XIX, esse também, em nossa época, passou pelo crivo de críticas severas. Com todas as retificações que se fizeram necessárias, o fundo do conceito comtiano de ciência ainda não desapareceu. Os progressos no domínio do mundo material ultrapassaram as previsões mais otimistas. A aplicação do método científico ao estudo da vida social não teve um desenvolvimento tão vertiginoso. Torna-se, portanto, cada vez mais urgente executar as tarefas que cabem à sociologia, como às demais ciências sociais: esclarecer os princípios que regem as condutas coletivas, para submetê-las ao controle da inteligência. Pode-se, assim, esperar que se elaborem os meios de dissolver os núcleos irracionais que motivam guerras e conflitos de toda sorte. É dessa esperança que depende em grande parte, a possibilidade de sobrevivência da espécie humana.

BIBLIOGRAFIA

COMTE A. *Discours sur l'esprit positif.* Paris, Societé Positiviste Internationale, 1923.
_____. *Cours de philosophie positive.* Paris, Alfred Cortes, 1934.
_____. *Système de politique positive.* Paris, Société Positiviste Internationale, 1912.
_____. *Synthèse subjetive.* vol. I, 2ème ed. Paris, Exécution Testamentaire d'Auguste Comte, 1900.
_____. *Catéchisme positiviste.* Ed. P. L. Pécaud, Paris, Garnier, s. d.
_____. *Le prolétariat dans la societé moderne - textes choisis avec une introduction de R. Paula Lopes.* Paris, Archives Positivistes.
ANONIMO. *Le lai d'Aristote* in *poètes et romanciers du Moyen Age*, Paris, Bibliothèque de la Pléiade, s. d.
ALPERT, H. *Emile Durkheim and His Sociology.* Nova Iorque, Mc Graw Hill, 1939.
BACHELARD, G. *La philosophie du non.* Paris, Presses Universitaires de France, 1949.
_____. *Le pluralisme cohérent de la chimie moderne.* Vrin, Paris, 1932.
BASTIDE-ARBOUSSE, Paul. *La doctrine de l'education universelle dans la philosophie D'Auguste Comte.* Paris, Presses Universitaires, 1957.
BÉGUIN, V. A. *L'ame romantique et le rêve*, Paris, José Corti, s.d.
BRUNSCHVICG, Léon. *Les ages de l'intelligence.* Paris, Presses Universitaires France, 1947.
_____. *Les progrès de la conscience dans la philosophie occidentale.* Paris, Presses Universitaires de France, 1953.
BRÉHIER, Emile. *Histoire de la philosophie.* Paris, Alcan, 1932.
CAPLOW, T. *The Sociology of Work.* Nova Iorque, Rinehart, 1953.
DEVOLÉ, J. *Réflexions sur le Pensée Comtienne.* Paris. Alcan, 1908.
DESCARTES, R. *Discours de la Méthode.* GILSON, E.(ed.). Paris, Vrin, 1947.
DIDEROT. D. *Le neveu de rameau. Oeuvres completes.* Paris, N. R. F., Bibliothèque de la Pleiade. s. d.

DURKHEIM. E. *De la division du travail social.* Paris, Presses Universitaires de France, 7. ed., 1960.
FROMM, E. *Escape from Freedom.* Nova Iorque, Rinehart, 1941.
GOLDSTEIN, Kurt. *La structure de l'organism.* Paris, N. R. F., 1951.
GOUHIER, Henri. *La vie d'Auguste Comte.* Paris, N. R. F., 1931.
HEGEL, G. W. F. *Phénomenologie de l'esprit.* Paris, Aubier, 1939.
LACROIX, Jean. *La sociologie d'Auguste Comte.* Paris, Presses Universitaires de France, 1946.
LEWIS, G. *Le problème de l'inconscient et le Cartésianisme.* Paris, Presses Universitaires de France, 1950.
LUCAS, F. "Poetry".(artigo). Chamber' s Encyclopaodia.
PIAGET, Jean. *Introduction a l'epistemologie génétique.* Paris, Presses Universitaires de France, 1950.
RANK, Otto. *The Trauma of Birth.* Nova Iorque, Robert Brunner, 1924.
SARTRE, J. P. *Critique de la raison dialetique,* Paris, N. R. F., 1960.
SEILLÈRE, E. *Auguste Comte,* Alcan, Paris, 1924.
SIMPSON, G. *The Meaning of Evolution.* New Haven, University of Yale Press, 1950.
SPINOSA, B. *Ethique Oeuvres Complétes.* Paris, N. R. F. Bibliothéque de La Pleiade, 1954.
SULLIVAN, S. H. *The Interpersonal Theory of Psychiatry.* Nova Iorque, Norton, 1953.
_____. *The Ilusion of Personal Individuality,* Psychiatry, vol. 13, 1950, pp. 317-332.
_____. *Conceptions of Modern Psychiatry.* Nova Iorque, Norton, 1953.
TILQUIN, A. *Le Behaviorisme.* Paris, Vrin, 1950.
TAWNEY, R. H. *Religion and the Rise of Capitalism.* Nova Iorque, Mentor Books, New America Library, 1948.
THOMAS, W. I. & Zaniecki, F. *The Polish Peasant Europe and in America.* Nova Iorque Dover, 1958.
VICO, Giambattista . *Opere,* NICOLINI, F.(ed.). Milano, Ricciardi, s. d.
WALTER, W. Grey. "Imitation of Life". In: *Scientific American Reader,* Nova Iorque, Simon and Schuster, 1953.
WATSON, J. B. *Behaviorism.* Chicago, Phoenix Books, University of Chicago Press, s. d.
WEBER, Max. *The Protestant Ethic and the Spirit of Capitalism,* Londres, Allen & Unwim, 1950.
WIENER, N. *Cybernetics or Control and Communication in the Animal and the Machine.* Paris, Hermann, 1948.

COLEÇÃO RUY COELHO

Dias em Trujillo
Os Caraíbas Negros de Honduras
Tempo de Clima
Indivíduo e Sociedade na Teoria de Auguste Comte
Estrutura Social e Dinâmica Psicológica (prelo)

SOCIOLOGIA NA PERSPECTIVA

Fim do Povo Judeu?
  Georges Friedmann (D006)
Sociologia do Esporte
  Georges Magnane (D015)
Sobre Comunidade
  Martin Buber (D203)
Autoritarismo e Eros
  Vilma Figueiredo (D251)
Capitalismo e Mundialização em Marx
  Alex Fiúza de Mello (D279)
Sociologia da Cultura
  Karl Mannheim (E032)
De Geração a Geração
  S. N. Eisenstadt (E041)
Ensaios de Sociologia
  Marcel Mauss (E047)
Sociedade Israelense
  S. N. Eisenstadt (E056)

Arte, Privilégio e Distinção
  José Carlos Durand (E108)
Uma Arquitetura da Indiferença
  Annie Dymetman (E188)
Tolerância Zero e Democracia no Brasil
  Benoni Belli (E209)
Lenin: Capitalismo de Estado e Burocracia
  Leôncio M. Rodrigues e Ottaviano de Fiore (EL016)
O Desencantamento do Mundo
  Pierre Bourdieu (EL019)
Indivíduo e Sociedade na Teoria de Auguste Comte
  Ruy Coelho (RC)
Estrutura Social e Dinâmica Psicológica
  Ruy Coelho (RC) [prelo]

Título:	Indivíduo e Sociedade na Teoria de Auguste Comte
Autor:	Ruy Coelho
Formato:	14,0 x 21,0 cm
Tipologia:	Gatineau 9,5/14
Papel:	Cartão Supremo 250 g/m2 (capa) Pólen Rustic Areia 85 g/m2 (miolo)
Número de Páginas:	120
Editoração Eletrônica e Laserfilm:	Digital Press
Fotolito de Capa:	Liner
Impressão:	Gráfica Vida & Consciência